지리산은 절을 품고
절은 지리산을 담다

지리산은 절을 품고
절은 지리산을 담다

김영택 지음

수려한 경관을 자랑하지 않는 웅장한 지리산은
천여 년 전부터 불교와 고난에 처한 사람들을 품어 주었다.

좋은땅

사찰을 품은 지리산

우리나라 사찰은 대부분 산속에 있어 '사찰' 하면 '산사'라는 이미지부터 떠오른다. 산사는 입구에 있는 일주문 현판에 '지리산화엄사'처럼 '지리산'이라는 산 이름과 '화엄사'라는 절 이름을 함께 쓴다. 불교가 처음 들어온 삼국 시대 이후 사찰은 산속뿐만 아니라 도심에도 세워졌다. 그런데 조선 시대에 들어와 숭유억불 정책으로 도심에 있던 사찰이 폐사되면서 산사의 비중이 높아지게 되었다. 그 결과 우리나라 사찰은 '산사'라는 이미지로 떠오른다. 일곱 개의 사찰이 유네스코 세계유산으로 등재될 때도 '산사'란 의미를 강조하였다.

백두대간의 종착지로 두류산(頭流山)으로 불렸던 지리산은 3개 도(전라남도, 전라북도, 경상남도) 5개 시·군(구례, 남원, 하동, 산청, 함양)에 걸쳐 있다. 3개 도를 상징하는 구례 쪽의 노고단, 남원의 반야봉, 산청과 함양에 걸쳐 있는 천왕봉 등 고봉들이 길게 병풍처럼 이어져 웅장한 산세를 이루고 있다. 고봉들이 만들어 낸 20여 개의 능선 사이로 피아골, 뱀사골, 중산리계곡, 칠선계곡, 백무동계곡 등 수십 개의 크고 긴 계곡들이 있다.

오래전부터 봉래산, 영주산, 방장산을 삼신산(三神山)이라 불렀다. 지금 봉래산은 금강산, 영주산은 한라산, 방장산은 지리산을 가리킨다. 이렇게 삼신산의 하나인 지리산은 오래전부터 영산으로 불리어 왔다. 방장산은 산이 넓고 커서 백성을 감싸 준다는 의미를 갖고 있다. 지리산의 산세가 갖고 있는 너른 품과도 잘 어울리는 이름이다. 또한 혼자만의 깨달음이 아닌 스스로의 깨달음과 아울러 중생 구제를 함께 추구하는 이른바 '상구보리 하화중생(上求菩提 下化衆生)'의 대승불교 이념과도 잘 어울리는 이름이다. 그래서인지 지리산이 품은 사찰 중 일주문이나 산문 현판에 방장산을 표기한 곳이 있다.

또한 불교에서는 지리산을 반야 지혜를 상징하는 대지문수사리보살(大智文殊舍利菩薩)이 상주하는 지리산(智利山)이라고 한다. 지리산 중심에 반야 지혜를 상징하는 반야봉(般若峰)이 있는 것도 지리산이 불교와 깊은 연관이 있음을 알 수 있다. 또한 지리산은 '어리석은 사람이 머물면 지혜로운 사람으로[智] 달라진다[異]'고 해서 붙여진 이름이라고 한다. 또한 '지혜가 (남)다른 산', '천재지변을 미리 아는 지혜 있는 산', '지혜로운 이인(異人)이 나타날 산'이라는 그럴듯한 이야기도 전해 온다. 의미가 조금씩 다르지만 지혜와 관련된 것은 공통적이다.

지리산은 통일 신라 시대부터 국가에서 제사를 지내는 오악(五岳)

지리산은 절을 품고 절은 지리산을 담다

중의 하나였다. 오악은 동서남북과 중앙에 산신을 제향했던 사당을 설치하고 제사를 지내던 산으로 동악은 토함산, 서악은 계룡산, 남악은 지리산, 북악은 태백산, 중악은 팔공산이었다. 신라가 삼국을 통일한 후 지방 통치 편제로 9주5소경을 설치하였는데 남원에 남원경을 두고 지리산을 남악으로 삼았다.

지리산은 천왕봉에서 노고단으로 이어지는 주능선을 기준으로 남과 북으로 나눌 수 있다. 구례와 하동을 행정 구역으로 하는 남쪽은 겉지리[외지리(外智異)], 남원과 함양 그리고 산청을 행정 구역으로 하는 북쪽은 속지리[내지리(內智異)]라고 부른다. 대한불교조계종의 교구 본사를 기준으로 보면 4개 본사 권역으로 나뉜다. 겉지리의 서편은 제19교구본사 구례 화엄사 권역, 동편은 제13교구본사 하동 쌍계사 권역으로 나누어져 있다. 속지리의 서편은 실상사가 있는 제17교구본사 금산사 권역, 동편은 함양 벽송사와 산청 대원사가 자리한 제12교구본사 해인사 권역이다. 품이 넓은 지리산은 화엄사, 쌍계사, 실상사, 벽송사, 대원사 등 이른바 천년 고찰을 비롯해 천여 개의 크고 작은 사찰들을 품고 있다.

지리산은 나라에 환난이 있을 때 몸을 숨겨야 하는 사람들이 들어오는 곳이기도 했다. 임진왜란으로 지리산이 품었던 많은 사찰이 불에 타 소실된 후 다시 중건된 사찰들은 1948년 여순사건과 1950년 6·25 한국 전쟁을 겪으며 또 한 차례 소실되는 아픔의 시간을 견뎌 내야 했다. 지리산으로 들어온 빨치산의 은거지를 없앤다는 명목으로 많은 사찰들이 불에 타 사라졌다. 이러한 수난 속에서도 지리산에는 봄에 새순이 돋아나듯 다시 사찰이 세워지고 수행자들이 모여들었다.

서산대사는 지리산을 금강산, 묘향산과 함께 명산이라고 하면서 각 산의 특징을 묘사했는데, 지리산을 '장이불수(壯而不秀)'라고 표현했다. '장중하나 수려하지는 않다'는 것이다. 수려한 경관을 자랑하지 않는 웅장한 지리산은 천여 년 전부터 불교와 고난에 처한 사람들을 품어 주었다.

사찰 기행문을 엮으며

지리산이 품고 있는 사찰들에 배어 있는 이야기를 듣고 지금의 모습을 살펴보며 사찰마다 풍기는 기운을 느끼고 싶었다. 지리산 사찰 순례는 이렇게 시작되었다. 지리산이 품고 있는 18개의 사찰과 암자를 외지리에서 내지리 순으로 순례하였다. 도량을 천천히 걸으며 전각 안팎을 둘러보노라면 '이런 내용을 써 줘'라고 사찰이 말을 걸어오는 듯했다. 사찰마다 보고 듣고 느낀 것들을 페이스북에 올려 공유하였다. 올린 글들을 한데 모아 책으로 펴내게 되었다. 책은 지리산이 품고 있는 사찰을 순례 순서에 따라 겉지리와 속지리로 장을 나누었다.

사찰을 순례하며 보고 듣고 느낀 것을 쓰는 과정에서 절을 먼저 방문한 사람들이 SNS나 책에 남긴 기록들이 나의 얕은 지식을 풍성하게 해

지리산은 절을 품고 절은 지리산을 담다

주는 원천이 되어 주었다. 그들의 도움이 없었다면 글을 쓸 엄두를 내지 못했을 것이다. 페이스북에 올린 글을 읽고 피드백을 해 준 분들은 글을 쓰는 데 큰 힘을 실어 주었다. 천안 각원사 불교대학 유근자, 목경찬 교수님은 불교 문화유산을 보는 안목을 넓혀 주고 영감을 주었다. 사찰 주련과 현판의 내용에 대해서는 서예가 이명복 선생님의 조언이 큰 도움이 되었다. 김민주 포교사님은 원고를 꼼꼼히 검토하여 수정하고 조언을 해 주셨다. 김세인님은 본문의 오탈자와 띄어쓰기를 검토해 주셨고, 정아름님은 표지와 내지 디자인을 해 주셨다. 이분들에게 깊은 감사를 드린다.

거친 문체와 얕은 지식에도 불구하고 책을 펴낼 마음을 먹은 것은 나도 그들처럼 누군가에게 불교의 가르침을 상징하고 역사가 배어 있는 사찰을 이해하는 데 작은 도움이라도 주고 싶어서였다. 무엇보다 경전의 게송 한 구절이라도 독송하고 남에게 해설해 준다면 물질적인 보시보다 셀 수 없는 복덕이 있다는 금강경의 가르침이 사찰을 순례하고 글을 쓰는 데 큰 힘이 되고 즐거움을 주었다.

목차

곁지리가
품고 있는
사찰

지리산 남서쪽인 겉지리(외지리)는 양명(陽明)하여 큰 사찰이 많다. 사찰 이름부터 화엄의 도량이자 천연기념물 매화로 많은 사람들의 발길을 끌어당기는 화엄사, 모과나무 기둥으로 유명하고 주지스님이 야생차를 덖고 우려내어 내방객들과 함께 차담과 법담을 나누는 구층암, 전쟁이 날 때마다 소실되는 아픔을 딛고 일어선 연곡사, 잦은 화재를 막으려 당대의 명필에게 현판 글씨를 받아 걸어 놓은 뒤 화재가 멈췄다는 전설 같은 이야기를 품고 있는 천은사가 구례에 있다. 범패와 차의 성지이자 육조 혜능대사의 정상을 모셨다는 연기 설화가 있는 총림 사찰 쌍계사, 아자방과 가야 불교의 이야기가 스며 있는 칠불사가 하동에 있다. 겉지리에 있는 사찰들은 당대의 명필들이 현판과 주련에 글씨를 남기고 있어 불교 문화를 한층 더 풍부하게 만들어 주고 있다.

구례 화엄사

사찰에 가기 전 알아 둬야 할 것

지리산이 품은 사찰을 순례하기로 계획을 세웠을 때 가장 먼저 떠오르는 사찰이 화엄사였다. 불교에 대한 이해가 없던 젊은 시절 노고단에 오르다가 들렀던 인연으로 그 뒤에도 가끔 가 보았던 사찰이다. 화엄사는 내게 오래전부터 '지리산' 하면 가장 먼저 떠오르는 사찰이었다. 사찰을 방문할 때 가장 먼저 들어가는 문이 일주문인데, 화엄사는 일주문에 도착하기 전에 산문 하나를 통과하게 된다.

처음 만나는 문은 구례읍에서 화엄사 가는 길 중간쯤에 있는 지리산문이다. 4차선 도로 위에 세워 그 아래로 차들이 통과하게 되어 있다. 사찰 주불전 앞에 세우는 강당인 보제루 아래를 대중들이 통과하는 형태다. 지리산문에는 앞쪽에 국한문 혼용으로 쓴 〈민족의 영산 지리산문(民族의 靈山 智異山門)〉 현판이 걸려 있다. 현판은 김영학이 짓고 학정 이돈흥이 썼다.

지리산문을 지나 일주문을 가기 전에 화엄사가 지리산에 있다는 것을 알려 주는 화엄사 산문이 있다. 지리산문이 지리산으로 들어가는 초입에 있는 문이라면 화엄사 산문은 이곳부터 지리산이 품고 있는 화엄사로 들어가기 시작한다는 것을 알려 주는 문이다. 화엄사 산문을 지나 한참을 오르면 드디어 화엄사라는 불국토로 들어가는 맨 처음 문인 일주문이 나오고 그 뒤로 금강문과 천왕문이 차례로 나온다. 화엄사 산문을 거쳐 일주문, 금강문, 천왕문이라는 세 개의 문을 들어가기 전에 불교의 우주관과 세계관을 이해하면 각각의 문들이 특별한 의미로 다가온다.

불교의 세계관, 우주관은 고대 인도인의 우주관과 세계관이 반영되어 석가모니 부처님이 열반에 들고 300여 년이 지난 부파불교 시대에 확립되었다. 불교에서는 삼계(三界), 즉 욕계(欲界), 색계(色界), 무색계(無色界)가 있다고 보았다.

구체적으로 삼계를 수직으로 보면 맨 아래에 풍륜, 수륜, 금륜이 있고 금륜 위에 철위산이 있다. 철위산에서 안쪽으로 여덟 개의 바다와 일곱 개의 산을 지나면 우주의 중심인 수미산이 있고, 수미산 위에 허공이 있다. 산을 오른다고 볼 때 아래쪽부터 수미산 정상을 거쳐 그 정상 위의 허공까지 욕계, 색계, 무색계의 세계가 있다고 본 것이다. 그래서 중생은 능력과 수행 정도에 따라 삼계에 오를 수 있다.

욕계를 구체적으로 보면 아래부터 지옥, 아귀, 축생, 아수라, 인(人),

지리산은 절을 품고 절은 지리산을 담다

그리고 신들이 사는 천(天, 하늘)이라는 여섯 개의 세계가 있다. 이를 육도라고 한다. 그런데 신이라고 해서 흔히 말하는 절대적인 신을 말하는 것이 아니라 중생을 구분해서 부르는 이름이다. 천은 다시 아래부터 위로 사왕천(사천왕천), 도리천, 야마천, 도솔천, 낙변화천, 타화자재천 총 여섯 개의 세계가 있다. 이 여섯 개의 천을 욕계 6천이라고 한다. 그러니까 욕계에는 지옥 세계부터 인 세계까지 다섯 개의 세계와 그 위로 사왕천부터 타화자재천까지 여섯 개의 천이 있어 욕계에는 총 11개의 세계가 있다는 것이다.

욕계 6천 위로는 색계 18천, 그 위로 무색계 4천이 차례로 있다. 색계는 아래부터 초선천(初禪天), 제2선천, 제3선천, 제4선천이 있는데 초선천은 범중천부터 대범천까지 3개, 제2선천은 소광천부터 극광정천까지 3개, 제3선천은 소정천부터 변정천까지 3개, 제4선천은 무운천부터 색구경천까지 9개 총 18개 천의 세계가 있다. 무색계는 아래부터 공무변처천, 식무변처천, 무소유처천, 비상비비상처천이 있다. 그래서 사왕천부터 비상비비상처천까지 총 28개의 천의 세계가 있다는 것이다.

그럼 다시 수미산을 중심으로 보자. 수미산에서 수평으로 보면 철위산에서 수미산까지 8개의 바다와 7개의 산이 동심원으로 펼쳐져 있다. 그리고 철위산 안쪽 바다의 동남서북 네 방향에 승신주, 섬부주, 우화주, 구로주라는 네 개의 육지가 있다. 그중 남쪽에 있는 섬부주라는 육지에 우리 인간이 살고 있다. 그러니까 섬부주 주위에 수미산을 포함해 9산8해, 즉 아홉 개의 산과 여덟 개의 바다가 있는 것이다. 그래서 우리가 수미산 아래까지 가려면 여덟 개의 바다와 일곱 개의 산을 넘어야 한다.

그럼 수미산을 중심으로 삼계의 위치를 보면, 욕계 6천 중 맨 아래에 있는 사왕천이 수미산 중턱에 있고 수미산 정상에 도리천이 있다. 그럼 욕계 3천인 야마천부터 비상비비상처천은 허공에 있는 세계인 것이다. 사왕천 아래에는 지옥, 아귀, 축생, 아수라, 인의 세계가 있게 된다. 이렇게 하여 하나의 세계가 구성되는 것이다.

욕계 6천 중 도리천은 수평으로 볼 때 중앙에 제석천왕이 있는 1개의 천이 있고, 그 주위 동남서북에 각각 8천씩 32개의 천이 있어 총 33천이 있다고 한다. 도솔천의 '도솔'은 일상에서도 가끔 언급된다. 도솔천에는 안과 밖의 2원(二院)이 있는데 외원은 천인들의 욕락처(欲樂處)가 되고, 내원은 미륵보살의 정토라고 한다. 미륵보살은 이곳에 있으면서 섬부주로 내려와 성불하기를 기다리고 있다고 한다. 석가모니 부처님도 이 세상에 오기 전에는 도솔천 내원궁에서 호명보살로서 천인들을 교화하고 계셨다고 한다.

욕계, 색계, 무색계로 구성되는 하나의 세계가 1,000개 있는 것이 소천세계, 소천세계가 1,000개 있는 것이 중천세계, 중천세계가 1,000개 있는 것이 대천세계다. 이 대천세계는 1,000이 세 번 곱하여졌기 때문에 삼천대천세계라고 한다. 삼천대천세계라는 말은 경전에 자주 등장하는데, 숫자상으로는 10억 세계를 말하지만 한 부처님이 교화하는 하나의 세계, 즉 불국토를 가리킨다.

무색계의 마지막인 비상비비상처천을 뛰어넘은 것이 부처님의 세계이고 부처님은 삼천대천세계에 두루 계신다고 보고 있다. 하지만 육지로 볼 때 가장 중심에 있고 가장 높은 곳인 수미산 정상에 부처님이 계신다고 보아 그곳을 불국토, 부처님이 자리하고 계신 곳을 수미단으로 상징화하여 부르고 있다. 그래서 섬부주에 살고 있는 중생이 수미산까지 가려면 여덟 개의 바다를 건너고 일곱 개의 산을 넘어가야 한다. 그리고 수미산 아래에서부터 오르기 시작하여 사왕천을 지나 도리천까지 올라가야 수미단이 있는 불국토에 도달하게 된다.

　사찰에 있는 다리는 섬부주에 살고 있는 중생이 수미산 아래까지 가는 동안 건너야 하는 여덟 개의 바다에 놓인 다리를 상징한다. 그리고 일주문, 금강문, 천왕문(사천왕문)은 수미산 아래부터 사왕천이 있는 곳까지 갈 때 통과하는 세 개의 문을 말한다. 그래서 다리를 건너는 것은 중생이 부처의 세계로 가겠다고 마음을 먹고 출발하는 과정이고, 일주문은 드디어 부처의 세계 입구에 도착했다는 의미다.

　여덟 개의 바다와 일곱 개의 산을 넘고 건너느라 얼마나 고생이 많았겠는가. 그 고생을 이기고 산 넘고 물 건너느라 마음이 흐트러졌을 수도 있으니 일주문에서 다시 한 번 마음을 하나로 모으라는 뜻에서 일주문의 기둥을 일직선상에 세운다. 그래서 불자들이 일주문 앞에서 반배를 하는 것도 일심의 표현인 셈이다.

　하지만 마음은 원숭이가 나뭇가지 사이로 쉼 없이 건너뛰어 다니듯 삿된 생각이 끊임없이 들고 나기를 반복한다. 그래서 두 번째 문인 금강문에는 삿된 무리를 다스리는 금강역사 두 분을 배치하여 삿된 중생의 마음을 다스리게 한다.

화엄사 산문

금강문을 통과하면 욕계 6천의 처음인 사왕천에 오르게 된다. 금강역사의 힘을 빌어 물리친 삿된 생각이 사왕천에 오를 때까지 유지되면 좋을 텐데 이게 어찌 마음처럼 쉽게 되겠는가. 그래서 사왕천에 살던 천신을 동남서북 네 방향에 천왕문을 세우고 그곳에서 불법을 지키게 하였다. 그래서 천왕문에 있는 네 왕을 사천왕이라고 부른다. 사천왕은 불법을 수호하면서 중생에게 일어나는 삿된 생각을 물리쳐 주는 역할을 한다.

지리산은 절을 품고 절은 지리산을 담다

이렇게 세 개의 문을 통과하며 청정한 마음을 갖게 된 중생은 드디어 불국토에 들어가는 마지막 입구인 불이문을 통과하여 장엄한 불국토에 들어가게 된다. 이러한 체계는 대체로 조선시대에 성립되어 일주문, 금강문, 천왕문이 세워졌다. 하지만 모든 절에 삼문이 설치되지 않았고 주로 규모가 큰 사찰에 세워졌다.

화엄사 산문 앞쪽에 〈지리산대화엄사(智異山大華嚴寺)〉, 뒤쪽에 〈해동선종대가람(海東禪宗大伽藍)〉 현판이 걸려 있다. 장엄한 글씨가 대형 현판에서 꿈틀거리는 것 같다. 앞뒤 두 현판 글씨는 관지를 보면 '석전 황욱이 91세 때' 쓴 것임을 알 수 있다. 65세 때부터 수전증을 앓고 있던 그는 오른손으로 붓을 잡지 못해 왼 손바닥으로 붓을 잡고 엄지손가락으로 붓 꼭지를 눌러 쓰는 좌수악필(左手握筆)로 썼다고 한다. 천년 고찰이자 대찰인 화엄사와 악조건을 극복한 노서예가의 웅혼한 필체가 잘 어울리는 현판이다. 산문 현판에 큰 '대(大)' 자를 붙인 자부심도 함께 읽힌다.

지금도 지리산 산신제를 지냅니다

화엄사 산문을 지나 한참을 오르면 일주문 앞에 방장교가 있다. 지리산의 또 다른 이름인 방장산의 이름을 차용한 것으로 보인다. 방장교를 건너기 전에 남악사(南岳祠)가 있다. 남악사는 화엄사 입구에 있지만, 화엄사에 가는 대중들에게는 관심 밖의 건물이다. 그래서인지 남악사를 오르는 돌계단은 푸른 이끼가 짙게 끼어 있다.

지리산은 통일 신라 시대부터 산신제를 지내던 영산이었다. 선도산의 성모(聖母)를 지리산 천왕봉에 이식시켜 성모천왕(聖母天王)의 산신으로 등장시켜 제사를 지냈다. 이때는 민간인들이 중심이 되어 신당(神堂) 형태의 성모사를 세우고 성모천왕을 섬기고 제사를 지내는 형태였다. 천왕봉에서 지내던 제사를 고려 시대에는 노고단에서 마고할미를 신령으로 모시고 제를 지냈다고 한다. 이와 아울러 고려 초 태조 왕건은 왕조 창업을 기념하기 위해 남원소의방(南原所義坊, 지금의 구례군 광의면과 산동면 일대)에 남악사를 세웠다. 이는 광의면 당동 마을에 있는 남악사지 발굴 결과에 근거한 것이다. 조선 시대에 이르러 1437년(세종 19) 구례군 광의면 온당리 당동에 있던 남악사를 중창하며 지리산신사(智異山神祠)로 이름을 바꾸고 지리산신에 제사를 지냈다. 지리산신사는 일제 강점 2년 전인 1908년 일제의 민족 정기 말살 정책으로 폐쇄되어 국가적으로 행하던 제례가 끊겼다.

1964년부터 화엄사 일주문 앞에서 구례군민 주최로 지리산신에 대한 제사를 다시 지내다가 1969년 구례군 마산면 황전리, 즉 지금의 화엄사 일주문 가기 전에 있는 방장교 오른쪽 산기슭에 '남악사'를 다시 세웠다. 그때부터 전라남도 주최로 제례를 지내다가 1982년부터 구례군 주최로 '지리산 남악제'를 지내고 있다. 남악사는 지리산이 통일 신라 시대부터 삼산오악(三山五嶽)의 산악숭배 사상을 중국에서 도입한

지리산 남악사

이래 왕실 및 국가와 긴밀한 관계가 있던 증표였다. 또한 불교가 전통 신앙을 수용하면서 사찰 경내에 산신각을 세운 것과도 관계가 있는 곳 이기도 하다.

화엄도량 통과 의례

방장교 앞에 서면 다리 건너 일주문이 보인다. 그래서 일주문으로 들 어가려면 방장교를 건너야 한다. 8개의 바다 중 마지막으로 건너는 다 리를 의미한다고 보면 좋을 것 같다. 일주문은 임진왜란 후 화엄사를 중건했을 때 조계문으로 이름 지었다. 지금 화엄사 누리집에는 불이문으로 표기하고 있다. 불이문은 대개 천왕문을 지나 불국토에 들어가기 전 마지막으로 통과하는 문인데 일주문을 불이문으로 표기해 놓은 이유는 무엇일까. 방장교를 지나온 대중들이 분별하는 마음을 내려놓으라는 의미로 불이문으로 표기한 것이 아닐까 싶다.

일주문에는 열고 닫을 수 있는 문짝 두 개가 달려 있다. 그리고 일주문 좌우로 담이 둘러 쳐져 있어 일주문 기둥 사이로만 들어갈 수 있다. 일주문 앞에서 마음을 모으고 그래도 남아 있는 번뇌를 방장교 아래로 흐르는 물에 띄워 보내고 이 문으로 들어가라는 상징인 듯하다. 현판은 〈지리산화엄사(智異山華嚴寺)〉라고 쓰여 있고, 그 옆에 '황명숭정구

화엄사 일주문

지리산은 절을 품고 절은 지리산을 담다

년세사병자중추의창군광서(皇明崇禎九年歲舍丙子仲秋義昌君珖書)'
라고 쓴 관지가 있어, 이 현판이 조선 시대 선조의 8번째 아들 의창군
이광이 1636년에 썼음을 알 수 있다. 현판 글씨는 힘이 넘쳐 나면서도
잘 정돈되어 있는 해서체로 묵직하면서도 시원한 느낌을 준다.

화엄사 금강문

일주문을 통과하면 금강문이 나온다. 금강문 안 좌우에는 두 금강역
사(인왕역사)가 배치되어 있다. 오른쪽에 그 힘이 코끼리의 백만 배나
된다고 하는 나라연금강(아금강역사라고도 한다.)이 배치되어 있다.
그리고 그 옆에는 문수보살이 화현한 문수동자가 사자를 타고 있는 모

습으로 배치되어 있다. 왼쪽에는 금강저를 들고 있는 밀적금강(홈금강 역사라고도 한다.)이 있는데, 비밀스런 부처님의 행적을 듣고자 원을 세워 밀적금강이라고 부른다. 밀적금강 옆에는 보현보살이 동자로 화현한 보현동자가 코끼리를 타고 있는 모습으로 배치되어 있다.

화엄사 천왕문

금강문 다음에는 천왕문이 있다. 천왕문 안에는 동남서북의 네 방향에서 사천왕이 지키고 있다. 천왕문 안의 사천왕은 오른쪽에 비파를 들고 북방을 지키는 다문천왕과 칼을 들고 동방을 지키는 지국천왕, 왼쪽에 용과 여의주를 들고 남방을 지키는 증장천왕과 창과 쥐를 잡고 서

지리산은 절을 품고 절은 지리산을 담다

방을 지키는 광목천왕이 있다.

고려 후기에 처음 건립된 것으로 추정되는 천왕문은 임진왜란으로 소실된 전각들을 벽암 각성스님이 중창할 때 새로 세웠다. 정면 3칸, 측면 3칸, 겹처마, 다포계, 맞배지붕 건물인 천왕문은 2024년에 보은 법주사 천왕문, 순천 송광사 사천왕문 등 여섯 개 사천왕문과 함께 보물로 지정되었다. 벽체는 목재 판벽과 회벽을 혼용하여 만들었고, 특히 다포계 구조는 학술적 가치로도 높이 평가되고 있다.

금강역사와 마찬가지로 사천왕은 삿된 무리로부터 불법을 지키는 수호신으로 가람을 청정도량으로 만들고, 이 문을 통과하는 중생들의 삿된 생각을 물리쳐 주는 역할을 한다. 그래서 불자들은 금강문, 천왕문을 통과하면서 반배의 예를 올린다. 내 스스로 다 물리치지 못하는 삿된 생각을 금강역사나 사천왕이 없애 주니 얼마나 고맙겠는가.

웅장하고 아름답고 성스럽고

천왕문을 통과하면 이제 대웅전, 각황전, 원통전 등이 있는 주불전 영역으로 들어가게 된다. 규모가 크거나 오래된 사찰에는 대개 주불전 입구에 마지막 문인 불이문(해탈문, 안양문이라고도 부른다.)이 있는데 화엄사에는 그 문이 없고 대신 강당 역할을 하는 보제루가 있다. 건물 이름에 '루'가 붙으면 2층 누각 형태로 1층이 개방되어 그곳을 통해 주불전 영역으로 들어간다. 영주 부석사의 안양문(안양루)처럼 누하진입(樓下進入)을 한다.

그런데 화엄사 보제루는 들어가는 쪽에서는 2층으로 1층의 기둥 사이가 뚫려 있지만, 주불전 쪽에서 보면 들어가는 쪽의 2층이 1층으로 되어 있어 들어가는 쪽의 1층이 막혀 있다. 그래서 들어가는 쪽에서 1층을 통해 주불전 영역으로 갈 수 없고, 주불전에 가려면 보제루 오른쪽으로 돌아가는 우각진입(隅角進入)해야 한다. 왜 쉽게 갈 수 있는 구조로 건축하지 않았을까. 그에 대한 의문은 우각진입하여 넓은 보제루 마당에 들어서는 순간 어렴풋이 이해된다.

대웅전은 1층이고, 각황전은 2층(원래는 3층이었다.)으로 대웅전보다 규모가 더 크다. 보제루 1층으로 통과한다면 정면에 대웅전이 있어 대웅전이 주불전으로 인식되기 좋다. 그런데 우각진입하여 보제루 마당 입구에 서면 남향의 대웅전과 동향의 각황전이 동시에 꽉 찬 느낌으로 보인다. 거리상으로 보면 대웅전이 각황전보다 더 가깝지만, 대웅전과 각황전의 크기 차이를 크게 느끼지 못한다. 이렇게 두 주불전의 규모 차이가 느껴지지 않도록 보제루를 우각진입하게 만든 것은 아닐까 싶다.

보제루 마당의 동쪽과 서쪽에 각각 오층석탑이 있다. 동 오층석탑 왼쪽에 있는 계단을 통해서 대웅전으로 오르고, 서 오층석탑 오른쪽에 있는 계단을 통해 각황전으로 오른다. 그래서 동·서 오층석탑이 각각 대웅전과 각황전을 바라보고 있는 것처럼 보인다. 그런데 동 오층석탑은 대웅전과 일직선상에 있지 않고, 서 오층석탑도 각황전과 일직선상에 있지 않다. 한편 보제루 마당에서 대웅전을 바라보면 동·서 오층석탑이 대웅전 앞에 있는 쌍탑처럼 여겨지기도 한다. 나아가 동·서 오층석탑이 대웅전, 각황전과 계단으로 분리되어 있고 두 불전과 멀리 떨어져 있어 대웅전과 각황전 앞에 있지 않은 것처럼 보이기도 한다. 딱히 정형화된 배치가 아니라 이해하기가 쉽지 않다. 두 불전 중 어느 하나가 중심 불전이 되는 것처럼 보이는 것을 피하기 위한 배치가 아닐까도 싶다.

조선 시대 불교계는 선종과 교종으로 정비되었는데 화엄사는 1424년(세종 6)에 선종대본산이 되었다. 임진왜란으로 사찰이 소실된 후 벽암 각성스님에 의해 1630년부터 6년여 기간에 걸쳐 대웅전을 비롯한 전각들이 중건되었다. 중건 후 1649년에는 선종대가람으로 승격되었다. 화엄사 산문 뒤쪽에 걸어 놓은 〈해동선종대가람〉 현판은 이를 나타낸 것으로 보인다.

대웅전은 석가모니불을 모신 불전이다. 대개 좌우에 문수·보현보살이나 가섭·아난존자를 협시로 봉안한다. 격을 높여 대웅보전이라고 할 때는 삼세불을 모시는데 석가모니불을 중심으로 좌우에 약사여래와 아미타불을 협시로 봉안한다. 하지만 삼세불을 모셔도 대웅전이라고 한 사찰도 많다.

그런데 화엄사 대웅전 안에는 본존불인 비로자나불 좌우에 노사나불·석가모니불이 협시불로 봉안되어 있는 비로자나삼신불이다. 화엄사는 절 이름에 '화엄'이 들어가듯이 창건 당시부터 화엄종 사찰이었다. 그래서 본존불을 화엄경의 교주인 비로자나불로 봉안하지 않았을까. 비로자나불이 본존불이면 그 전각은 대적광전, 대광보전, 대광명전, 적광전이란 이름의 현판을 걸어 놓는다. 그런데 석가모니불을 주존불로 하는 전각 이름인 〈대웅전〉 현판이 걸려 있다. 왜 비로자나불을 봉안하고 〈대웅전〉이라고 했을까.

화엄사 대웅전(뒤)과 동 오층석탑(앞)

의문이 들어 대웅전을 관리하는 보살에게 물어보니 선조의 8번째 아들 의창군 이광에게 현판을 써 달라고 부탁했는데 〈대웅전〉으로 써서 보냈다고 한다. 본존불과 현판 이름이 맞지 않지만 다시 써 달라고 할

지리산은 절을 품고 절은 지리산을 담다

수 없어 그냥 걸었다는 것이다. 큰 사찰의 현판을 왕족이 쓰면서 그런 혼동을 했을까 하고 고개가 갸우뚱해졌다.

선종 사찰에서는 비로자나불을 중심으로 노사나불과 석가모니불을 협시로 하는 비로자나삼신불을 봉안하는 경우가 있는데, 화엄사 비로자나삼신불이 제작된 시기는 임진왜란 후 대웅전이 중건된 1634년으로 화엄사가 선종대본산으로 승격된 이후다. 그래서 임진왜란 후 대웅전을 중건할 때 본존불을 석가모니불 대신에 비로자나불을 봉안하면서 노사나불과 석가모니불을 협시로 봉안하고 불전 이름은 원래의 이름인 대웅전으로 하지 않았을까 싶다.

화엄사 〈대웅전〉 현판

〈대웅전〉 현판의 '대웅전' 글씨 옆에는 '숭정구년세사병자중추의창군
광서(崇禎九年歲舍丙子仲秋義昌君珖書)'라고 쓴 관지가 있어, 이 현판
도 불이문 현판 〈지리산화엄사〉를 쓴 의창군 이광이 1636년에 썼음을
알 수 있다. 일주문 글씨와 마찬가지로 해서체의 글씨로 잘 정돈되고
힘이 있으면서도 시원시원한 느낌을 준다.

화엄사 대웅전 비로자나삼신불 | 비로자나불을 중심으로 왼쪽에 보관을 쓴
노사나불, 오른쪽에 항마촉지인을 한 석가모니불이 좌우보처로 봉안되어 있다.

나무로 만든 비로자나삼신불의 주존인 청정법신 비로자나불의 수인
은 지권인이다. 통일 신라 시대에는 주먹을 가슴에서 아래위로 포개고

　　　　　　　　지리산은 절을 품고 절은 지리산을 담다

밑의 왼손 검지를 오른손 주먹이 감싼 모양이었다. 고려 시대 후기부터 주먹 쥔 왼손을 오른손으로 감싼 모양이 유행했다. 화엄사 대웅전이 중건되던 1634에 제작된 비로자나불은 왼손을 오른손으로 감싼 지권인을 하고 있다. 지권인에서 오른손은 불계(佛界), 왼손은 중생계를 의미하는데, 이는 중생과 부처가 둘이 아니며, 번뇌와 깨달음이 둘이 아님을 상징한다.

비로자나불 왼쪽에 모신 원만보신 노사나불은 두 손을 들어 설법인을 짓고 있다. 노사나불은 무한한 수행의 과정을 거쳐 무궁무진한 공덕을 쌓아 부처가 갖춘 것을 원만하게 이룬 부처를 말한다. 그래서 노사나불 앞에 '원만보신'이란 수식어가 붙는다. 그런데 노사나불은 부처의 모습이 아니라 머리에 보관을 쓴 보살상을 하고 있다. 이는 노사나불이 수행의 결과로 부처가 되었기 때문에 보살의 흔적이 남아 있다고 보아 보관을 쓴 모양으로 표현하지 않았을까 싶다. 비로자나삼신불을 제작할 때 시주자로 〈대웅전〉 현판을 쓴 의창군 이광 부부와 선조의 부마 신익성 부부 등 왕실 인물과 승려를 포함해 1,320명이 참여하였다.

각황전(覺皇殿)은 1702년(숙종 28)에 계파 성능스님이 중건한 2층 규모의 불전이다. 원래 각황전 터에는 3층 규모의 장육전(丈六殿)이 있었다. 장육전은 임진왜란으로 불타 없어진 후 1636년 화엄사가 중건될 때 포함되지 못했다. 그로부터 70여 년 후인 1699년부터 벽암 각성스님의 제자인 계파 성능스님이 영조의 어머니 숙빈 최씨 등 왕실의 후원을 받아 다시 짓기 시작하여 2층 70칸의 규모로 1702년 완공했다. 장육전이 완공된 후 연잉군(후에 영조가 됨)의 원당(願堂)으로 삼았다. 이 듬해인 1703년에는 석가여래삼불좌상 및 사보살입상을 완성하고 일주일 동안 경찬 대법회를 열고 장육전 중건 불사를 회향하자 조정에서 각황전이라고 사액하였다. 숙종이 장육전 대신 각황전이라는 새로운 이름을 내린 것이다. 이와 함께 1649년 선종대가람(禪宗大伽藍)으로 승격시킨 화엄사를 한 격 더 높여 선교양종대가람(禪敎兩宗大伽藍)이라하였다. 지금 화엄원에 있는 〈선교양종대가람〉 현판은 이를 나타낸 것으로 보인다. 각황전의 각황(覺皇)은 '부처님이 깨달은 왕(성인 중의 성인)'이라는 뜻과 '숙종에게 불교 사상을 일깨워 주었다'는 두 가지 의미를 지니고 있다.

숙종은 당시 명필이었던 형조참판 성재 이진휴에게 〈각황전〉 현판을 쓰게 했다. 현판의 '각황전' 글씨 옆에는 '계미맹하형조참판이진휴서(癸未孟夏刑曹參判李震休書)'라는 관지가 있어 각황전을 완공하고 회향하던 1703년 초여름에 이진휴가 썼음을 알 수 있다. 반듯하고 묵직한 해서체의 중후한 필체가 2층으로 된 장중하고 안정된 균형미를 갖춘 건물과 잘 어울린다. 글씨를 잘 쓴다고 알려진 숙종은 명필로 알려진 서예가보다 관리이면서 명필인 이진휴에게 쓰게 함으로써 왕이 전각 이름을 내렸다는 권위를 나타내고 싶지 않았을까. 국보로 지정된 각황전은 매우 웅장하고 건축 기법도 뛰어나 우리나라에서 가장 아름다운 중층의 대불전 중 하나로 평가되고 있다.

화엄사 각황전(뒤)과 서 오층석탑(앞)

화엄사 각황전 석가여래삼불좌상 및 사보살입상

각황전에는 석가여래삼불좌상과 사보살입상이 봉안되어 있다. 석가모니불 좌우로 다보불과 아미타불을 협시불로 봉안하고, 다보불 왼쪽에 지적보살, 석가모니불 좌우에 문수보살과 보현보살, 아미타불 오른쪽에 관음보살을 협시로 봉안하였다.

원래 각황전 터에 있던 3층 규모의 장육전 안의 2층 4면 7칸 사방 벽에 『화엄경』을 얇은 청색 돌에 새긴 '화엄석경'을 장식했다. 그런데 화엄사가 임진왜란으로 모두 불타 버릴 때 화엄석경도 수많은 파편으로 깨져 유실되었다. 큰 조각은 일제 강점기 때 반출되고 그 일부가 지금 화엄사 입구 화엄석경원에 보관 전시되어 있다. 화엄석경은 부처님의 가르침인 경전을 돌에 새긴 것으로 영원불멸을 염원하는 마음을 담았다. 또한 화엄석경은 화엄사가 화엄종 사찰이라는 점을 부각시킨 것으

화엄사 화엄석경

지리산은 절을 품고 절은 지리산을 담다

로 보인다.

대웅전과 각황전 현판은 왕족이 쓰거나 왕의 명령으로 고위 관리가 썼다. 이광은 한석봉체를 잘 썼는데, 해서체의 큰 글씨를 특히 잘 썼다고 한다. 그래서인지 화엄사 〈대웅전〉 현판 글씨는 수덕사 〈대웅전〉, 쌍계사 〈대웅전〉 등 다른 사찰에서 많이 번각했다. 다만 번각한 현판에는 관지 글씨가 없다. 왜 사찰에서는 왕자의 글씨를 번각까지 하면서 걸어 놓으려고 했을까. 숭유억불 정책으로 양반 사대부들이 절과 승려들에 대한 핍박이 심한 조선 시대에도 왕족이 쓴 글씨를 걸어 놓으면 함부로 하지 못할 것이라는 기대가 있었을 것이다.

화엄사는 홈페이지나 사찰 경내 안내판 곳곳에 544년 인도 승려 연기조사가 창건하였다고 기록되어 있다. 이는 1636년(인조 14)에 작성된 「호남도구례현지리산대화엄사사적」 문헌에 의거한 내용이다. 그런데 「신라백지묵서대방광불화엄경(新羅白紙墨書大方廣佛華嚴經)」에는 "연기는 황룡사의 승려로서 754년(경덕왕 13) 8월부터 화엄경 사경(寫經: 경전을 베끼는 것)을 만들기 시작하여 이듬해 2월에 완성시켰다."는 기록이 있다.

두 자료를 비교해 보면 화엄사 창건주는 같은데 창건 시기는 200여 년의 차이가 난다. 먼저 「호남도구례현지리산대화엄사사적」은 임진왜란으로 불탄 화엄사를 벽암 각성스님이 중건한 1636년에 작성되어 화엄사의 위상을 높이려고 창건 시기를 앞당겨 작성했을 수도 있겠다 싶다. 그리고 화엄사가 있는 구례는 6세기 가야 땅에 속해 있었고 신라가

가야를 복속시키면서 신라 영토로 편입되었다. 이러한 역사적 사실과 「신라백지묵서대방광불화엄경」을 의거해 보면 8세기 중후반 창건에 무게가 실릴 수도 있겠다.

이러한 의문을 갖고 보는데 마침 스님 한 분과 성보박물관 관계자가 있어 문의하니 그들도 이러한 두 의견이 있다는 것을 알고 있었다. 아직 후자의 의견이 다수 의견으로 확정되지 않았으니 사찰 창건이 오래되었다면 좋은 것 아니냐고 웃으면서 말했다. 전문 연구자들의 연구를 기다릴 뿐이다.

화엄사 중심 영역에 있는 전각들은 어딘지 모르게 정형화된 틀을 좀 벗어난 듯하다. 전각의 본존불과 현판 이름이 상례를 벗어난 점, 동과 서에 있는 두 오층석탑이 본존불과 일직선상에 있지 않은 점, 창건 시기에 대한 이견이 있는 점 등이 있다. 하지만 가람배치가 절대적인 원칙이 있는 것은 아니다. 불교의 교리를 상징하는 가람배치, 전각 이름, 전각 안의 불보살 봉안은 창건자나 중창자의 의지와 사부대중의 마음이 반영된다. 화엄사도 그러지 않았을까 싶다.

화엄사 주불전 영역은 배치 등이 상례를 좀 벗어난 듯해도 어색하지 않고 잘 어울린다. 건축학적으로나 예술적인 면에서의 가치가 인정되어 각황전과 그 앞에 있는 석등, 대웅전 안에 있는 목조비로자나삼신불좌상이 국가문화유산 국보로 지정되었다. 대웅전과 그 안에 있는 삼신탱화, 각황전 안에 있는 목소석가여래삼불좌상 및 사보살입상, 동 오층석탑, 서 오층석탑, 화엄석경, 원통전 앞 사자탑이 국가문화유산 보물로 지정되었다.

보제루 〈화장〉 현판 아래 마루에 앉아 장중하고 아름다운 전각들과 석조물을 한참 동안 바라보았다. 대웅전 안 비로자나삼신불을 비롯해 각 전각 안에서 대중들의 마음을 청정하게 이끄는 불보살들이 떠오른다. 이 전각과 석조물들을 만든 대중들과 수행자들은 이곳을 화엄 도량으로 만들어 수행하며 깨달았을 것이다. 그래서 이곳은 수많은 대중들의 원력이 만들어낸 연화장세계일지도 모른다. 지금 이곳에 있는 대중들도 시절인연이 닿아 장엄한 불국토에 오지 않았을까.

춘삼월엔 매화 보러 화엄사에 가리

3월 중순이 지나 하순으로 넘어갈 즈음 화엄사에 갔을 때 각황전 옆에 있는 홍매화가 이름 그대로 붉게 피어났다. 이 홍매화가 2024년 2월에 '구례 화엄사 화엄매'란 이름으로 국가유산 천연기념물로 지정되고, 화엄사 주최 사진 콘테스트까지 개최하니 많은 사람들이 꽃이 피기를 기다렸다가 화엄사에 모여들었다. 최적의 구도를 잡기 위해 이곳저곳으로 옮기며 너도나도 화엄매를 향해 카메라 셔터를 눌렀다. 사람들에게 귀한 대접을 받고 있다.

화엄매(華嚴梅)는 조선 숙종 때 계파 성능스님이 장육전이 있던 자리에 각황전을 중건하고 이를 기념하기 위해 심은 것이라고 전한다.

그러면 수령은 적어도 300여 년이 넘었다. 화엄매는 각황전의 이름을 빌어 각황매(覺皇梅), 각황전의 처음 이름이었던 장육전의 이름을 빌어 장육매(丈六梅), 각황전에 봉안한 삼존불(석가모니불, 아미타불, 다보불)을 표기하여 삼불목(三佛木)으로도 불린다. 이름으로도 귀한 대접을 받고 있다.

화엄사 화엄매

홍매화이지만 꽃잎이 검붉어 '흑매화'라고도 불리는 화엄매는 통도사 자장매, 선암사 선암매, 백양사의 고불매와 함께 사찰 4대 매화의 반열에도 올랐다. 이름도 화엄사의 화엄을 가져왔으니 연화장세계를

지리산은 절을 품고 절은 지리산을 담다

장엄하는 꽃으로도 귀한 대접을 받게 되었다.

홍매화는 각황전, 나한전, 영산전이 만드는 부채꼴 모양의 꼭지점에 있다. 전체적으로 보면 반듯하게 위로 자랐지만, 두 개의 큰 줄기가 각황전 쪽으로 뻗어 있다. 처음 심은 계파 성능스님의 마음을 읽은 듯하다. 손잡이가 달린 향로를 받쳐 들고 연화좌 위에 무릎을 꿇고 공양하는 성덕대왕신종의 비천상처럼 각황전 불보살님에게 헌공하는 모습처럼 보인다.

그래서인지 "홍매화의 붉은 꽃빛은 시주할 돈이 없어 애태우며 간절히 헌신 공양한 노파의 마음이런가. 환생한 공주의 마음이런가. 언제나 위태로운 왕자를 보며 애태운 숙빈 최씨의 마음이런가. 홍매화는 그들의 피 끓고 애타는 마음의 빛깔처럼 붉고 또 붉었다. 홍매불자(紅梅佛子)는 향긋한 향기를 불보살님전에 올리고 아름다운 자태를 참배객에게 보여 주어 환희심을 불러일으키니 고색창연한 가람 화엄연화장법계와 화엄동천에 홍매화 향이 가득하네."라는 안내판의 게송이 가슴에 와닿는다.

"한 차례 매서운 추위가 뼛속을 사무치지 않으면/ 어찌 매화가 코를 찌르는 향기를 낼 수 있으랴 // [(불시일번한철골/ 쟁득매화박비향(不是一番寒徹骨/ 爭得梅花撲鼻香)]"고 하던 당나라 황벽선사의 오도송이 떠오른다. 화엄사 홍매화의 향은 추운 겨울을 지낸 후에 뿜어져 나온 인고의 향이다. 그래서 사람의 마음을 더 파고드는지도 모른다.

화엄매는 사람들의 마음에 잊지 못할 추억을 만들어 주고 있다. 어느 시인과 가수는 "누가 뭐래도 사람이 꽃보다 아름다워"라고 노래하지만, 적어도 오늘은 꽃과 사람 모두 아름답게 보였다. 사람은 누구나 불성을 가지고 있고, 꽃나무이지만 삼불로도 불러 줄 정도이니 그렇지 않겠는가. 꽃나무와 사람 모두 부처님의 눈에는 그렇게 보일 것이다.

화엄매에 마음이 온통 빼앗겨 버리면 화엄사의 또 하나의 천연기념물인 들매화를 놓치기 쉽다. 들매화는 대웅전 오른쪽에서 뒤로 400여 미터 오르면 구층암이 나오고 그 뒤로 50여 미터 더 가면 길 옆에 비스듬히 서 있다.

이 들매화는 사람이나 동물들이 먹고 버린 씨앗이 싹이 터서 자라기 때문에 이런 이름이 붙여졌다고 한다. 들매화는 개량종 매화보다 꽃이 작고 듬성듬성 핀다. 하지만 그 기품과 짙은 향기는 개량종 매화가 따라오지 못한다. 그래서 토종 매화 연구의 학술적 가치도 크다고 알려져 있다.

들매화를 보러 갔을 때는 높은 매화나무 가지에 작은 꽃잎들이 성글게 피어나서 그런지 화려하게 보이지 않았다. 백매 특유의 매혹적인 향기도 나지 않았다. 옆에 있던 사람들도 "이게 들매화야?"라면서 실망하는 듯한 마음을 내비쳤다. 홍매화의 잔상이 여기까지 와서 비교하니 그렇게 보였을 것이다.

해마다 봄이 되면 꽃을 피우며 500여 년을 이곳에 서 있어서 그런지 나무 밑둥은 푸른 이끼가 두둑하게 끼어 있었다. 그저 나대로 피어났으니 이것저것 비교하지 말고 분별하지도 말고, 그대들은 잠시 보다 가

지리산은 절을 품고 절은 지리산을 담다

화엄사 들매화

라는 듯한 모습이다. 들매화 바로 옆에는 지리산 깊은 계곡에서 흘러 내리는 물소리가 청아하게 들렸다. 단아한 자태를 뿜어내는 들매화의 향기가 지리산 계곡물에 실려 사바세계로 흘러가는 것 같았다.

홍매화와 들매화를 보고 나오면서 두 매화를 보기 전에 들렀던 만월 당에 다시 가 보았다. 만월당은 천왕문을 지나 왼쪽에 있는데 그곳에 서 노스님을 만나 잠시 대화를 주고받은 기억이 생각나서 다시 들러 본 것이다. 그때 만월당 마루에 있는 의자에 앉아 있던 노스님은 불청객 인 내게 만월당 마당가에 있는 백매는 열흘 전에 피었다가 지금은 시들 어가는 중이며 들매화가 어디에 있는지도 알려 주면서 홍매화를 가서 보라고 했다. 만월당에 들렀을 때 의자만 있고 아까 그 노스님은 보이 지 않았다. 도정스님이 만월당 마당에 있는 백매화를 보며 최근에 신 문에 기고한 시가 떠올랐다.

먼 산 눈 녹으며
매화 향기 누리에 진동하였다
봄 찾아 집 떠날 일 없고
담장 안 매화 향기에 취해
봄 찾아 떠난 이 안타까울 일도 없어
앉아 있는 그 자리나
길 위에서 한 시절 보내는 이나
얻었으면 잃어야 하겠고

지리산은 절을 품고 절은 지리산을 담다

찾지 못했어도 만족해야 하리라

    그 노스님이 만월당에 핀 매화를 보며 쓴 시처럼 느껴졌다. 아마 노스님은 매일 마당가에 핀 백매화를 보았을 것이다. 그러면서 각황전 옆 홍매화와 구층암 뒤 들매화도 생각했을 것이다. 노스님은 백매를 보는 것으로 충분했을 것이다. 매화가 피는 모습에서 화려한 봄날이 다가왔음도 온몸으로 느꼈을 테니 말이다. 이런 생각을 하는 중에 중국 송나라의 이름을 알 수 없는 어느 스님이 썼다고 전해지는 시가 떠올랐다.

하루 종일 봄을 찾아도 보지 못하고
짚신 신고 언덕 위 구름 따라 다녔네
돌아오다 우연히 매화 아래 지나는데
봄은 이미 매화 가지 위에 가득하네

盡日尋春不見春(진일심춘불견춘)
芒鞋遍踏隴頭雲(망혜편답롱두운)
歸來偶過梅花下(귀래우과매화하)
春在枝頭已十分(춘재지두이십분)

연이어 학창시절 읽었던 독일 시인 칼 부세의 시도 생각났다.

산 너머 저쪽 하늘 저 멀리

행복이 있다고 말들 하기에

아! 남 따라 행복을 찾아갔다가

눈물만 머금고 되돌아왔네

산 너머 저쪽 하늘 저 멀리

행복이 있다고 말들 하건만

화엄사와 암자 곳곳에 매화는 많이 피어나고 있었다. 그런데 천연기념물로 지정된 홍매화와 들매화만 보고 마음과 사진에 담아 가려는 사람들로 북적였다. 만월당 노스님은 굳이 홍매화와 들매화를 보지 않았을 것이다. 만월당 마당에 핀 매화로 천지에 봄이 왔음을 느꼈을 테니까. 만월당 안 백매를 보며 '만월매'란 이름을 지어 주었다. 이제 나는 화엄사에서 이름을 가진 세 매화를 보게 되었다. 홍매화, 들매화 그리고 만월매. 세 매화는 모두 화엄매라고 이름을 붙여도 되겠다.

화엄은 온갖 꽃으로 장엄하게 장식한다는 잡화엄식(雜華嚴飾)에서 유래했다. 부처가 깨달은 진리인 불법이 광대무변하여 삼라만상을 아우르고 있는 것이 마치 온갖 꽃으로 장엄한 것과 같다는 것이다. 화엄은 곧 부처의 깨달음과 가르침으로 가득한 연화장세계의 아름다움과 장엄함을 비유적으로 표현한 말이다.

화엄매가 각황전 옆에서 붉게 피던 2024년 3월, 26만여 명이 이곳을 다녀갔다고 한다. 그로부터 6개월이 지나 화엄사에 다시 갔다. 홍매화

지리산은 절을 품고 절은 지리산을 담다

는 온데간데없었다. 화엄매는 녹색 잎으로 무성했다. 우리나라에서 가장 아름다운 2층 불전으로 손꼽히는 각황전 옆에서 도량을 아름답게 장식하던 홍매화는 자취를 찾을 수 없었다. 홍매화가 떠난 화엄매 앞에는 인적이 드물었다. 홍매화가 떠난 뒤 화엄매는 녹색 잎으로 화장세계를 장엄하고 있었다. 홍매화를 버려야 화엄매가 보인다.

야외 성보박물관

우리나라 사찰의 가람배치에서 중심 영역으로 불리는 예불 공간은 크게 보아 본존불을 봉안한 주불전과 그 앞에 세운 석탑과 석등으로 구성되어 있다. 화엄사 보제루를 지나 펼쳐지는 중심 영역도 두 개의 동·서 오층석탑, 대웅전과 각황전, 각황전 앞 석등, 원통전 앞 사자탑, 그리고 각황전 왼쪽 위 소나무 숲에 있는 사사자 삼층석탑으로 배치되어 있다.

그런데 화엄사 중심 영역에 있는 주불전과 그 안에 봉안된 본존불, 석탑, 석등은 모두 국가문화유산 국보와 보물로 지정되어 문화유산으로서의 가치를 인정받았다. 국보와 보물 지정만으로 문화유산의 가치를 평가할 수는 없지만, 역사적 측면과 건축적 측면 등 다양한 기준으로 선정되는 만큼 공신력이 있다. 전각과 석조물은 불교 교리를 상징화한 것이기에 예술적이고 역사적인 문화유산의 가치를 뛰어넘는다.

화엄사에 가서 중심 영역의 전각과 석조물을 자세히 살펴보고 그 의미를 되새겨 보면 의외의 즐거움과 의미를 느낄 수 있다.

보제루 마당에 들어서면 보물로 지정된 동·서 오층석탑을 맨 먼저 만나게 된다. 두 탑 모두 5층의 석탑으로 언뜻 보면 별 차이점을 발견할 수 없다. 그런데 탑을 살펴보면 동 오층석탑은 아무 장식이 없이 단순하지만, 서 오층석탑은 조각 장식이 화려하다. 또한 동 오층석탑은 탑신 아래의 기단이 1층이지만 서 오층석탑은 기단이 2층으로 되어 있다.

동·서 오층석탑은 신라 말인 875년(헌강왕 1)에 조성하였다고 한다. 조성 당시의 의도를 정확히 모르지만, 장식이 없는 동 오층석탑은 불국토에 들어오는 사람들의 청정한 마음을 표현한 것이 아닐까. 서 오층석탑은 기단에 12지신상과 팔부신중, 탑신에는 사천왕상을 조각하였다. 이 세 조각상은 불법을 수호함과 동시에 두 불탑을 지키려는 상징으로 보인다.

각황전에 오르면 2층의 장중한 불전 앞에 석등으로는 크기가 매우 크게 느껴지는 석등이 있다. 각황전 앞에 있다고 하여 각황전 앞 석등이라고 부른다. 그런데 화엄사에 갔을 때 북 모양의 기둥돌까지만 있고, 그 위에 있던 화사석(火舍石)과 지붕돌 그리고 그 위의 머리 장식은 보이지 않았다. 보존 처리를 위해 이동시켜 별도로 보관하고 있다고 한다. 시절 인연이 닿지 않아 온전한 모습을 볼 수 없는 것이 못내 아쉽다.

석등의 8각으로 이루어진 화사서은 불빛이 퍼져 니오도록 4개의 화창(火窓)을 뚫어 놓았다. 그 위에 있는 8각의 지붕돌 각 모서리에는 우

지리산은 절을 품고 절은 지리산을 담다

담바라를 나타내는 꽃 모양이 조각되어 있다. 네 개의 화창은 불교의 사성제, 지붕돌의 여덟 개 꽃잎은 팔정도, 지붕돌 아래 북 모양의 기둥돌은 법음, 즉 진리의 소리를 상징한다. 그러니까 이 석등은 사성제의 고귀한 진리를 바르게 알고 팔정도를 수행하여 깨달음에 이르라는 가르침을 상징적으로 보여 준다.

화엄사 각황전 앞 석등 | 보존처리를 위해 윗부분을 분리하여 보관 중이다.

각황전 앞 석등 오른쪽에는 네 마리의 사자가 길쭉하고 네모난 돌을 떠받치고 있는 탑이 있다. 돌의 네 면에는 직사각형 모양의 테두리를 만들고 그 안에 신장상을 조각하였다. 이 돌이 무엇을 의미하는지는 정확히 밝혀지지 않았지만, 부처님의 사리를 봉안하거나 공양대의 용도였을 것이라고 추측하고 있다. 이 탑은 원통전 앞에 있다고 하여 원통전 앞 사자탑이라고 한다.

화엄사 원통전 앞 사자탑 | 탑 옆에 돌구슬이 놓여 있다.

불교에서 사자는 지혜를 상징한다. 이 지혜는 팔리어 빤야(paññā)를 음사한 반야로 세간에서 일반적으로 사용하는 지혜가 아니라 존재를 있는 그대로 보는 지혜를 말한다. 이를 구별하기 위해 불교에서는 지혜를 음사한 '반야'로 시용힐 때가 많다. 그래서 부처님의 말씀을 사자후라고 하고 감로법이라고도 한다. 그런 연유로 이 사자탑을 중생을

지리산은 절을 품고 절은 지리산을 담다

반야 지혜로 이끌어 주는 감미로운 탑, 즉 '사사자 감로탑'이라고도 부른다.

이 원통전 앞 사자탑 옆에는 둥근 모양의 돌이 하나 있다. 이 돌을 부처님의 성품인 불성을 표현한 불성 돌구슬이라고 한다. 불교에서는 중생은 모두 불성을 가지고 있는데 탐욕, 성냄, 어리석음으로 번뇌에 휩싸여 자기 안의 불성이 있는지를 모르고 산다고 한다. 그래서 수행은 자기 안의 불성을 깨닫는 것이다. 원통전 앞 사자탑 옆에 있는 불성 돌구슬은 이곳에 온 중생들이 자기 안의 불성을 찾아 깨달은 자, 부처가 되라는 가르침을 표현한 상징이다.

각황전 앞 석등을 지나 각황전 왼쪽으로 계단을 오르면 소나무 숲 언덕에 교과서에도 등장하여 이름이 널리 알려진 사사자 삼층석탑이 있다. 사사자 삼층석탑 앞에는 배례석을 사이에 두고 작은 크기의 석등이 있다. 석탑과 석등은 나름의 의미가 있는 것처럼 배치되어 있다.

사사자 삼층석탑은 2단의 기단 모서리 위에 있는 네 마리의 사자상이 기둥 역할을 하며 삼층석탑을 떠받치고 있는 모습이다. 사자상 아래 기단석의 네 면에는 악기와 꽃을 바치고 있는 천인상이 조각되어 있다. 3층의 탑신 중 1층 탑신에는 각 면에 문짝 모양을 새기고 그 양 옆에 인왕상, 사천왕상, 보살상을 새겨 놓았다. 탑의 상륜부에는 네모반듯한 모양의 노반과 발우를 엎어 놓은 모양의 복발이 남아 있다.

입을 벌린 채 서 있는 네 마리의 사자들에 에워싸여 있는 중앙에는 합장한 모습의 조각상이 있는데 화엄사를 창건한 연기조사의 어머니

화엄사 사사자 삼층석탑

라고 전한다. 그리고 사사자 삼층석탑 앞에 있는 작은 석등 모양의 탑
에는 사사자 삼층석탑을 향해 오른 무릎을 땅에 대고 찻잔과 구슬을 들
고 있는 스님 모습의 조각상이 있는데 연기조사가 어머니께 차를 공양
하는 모습이라고 한다.

　　그러면 사사자 삼층석탑은 부처님 사리를 봉안한 불탑이고, 그 앞에
있는 석등은 어머니께 진리의 공양, 부처님께 차 공양을 올리는 공양탑
이 된다. 지극한 효성과 부처님께 귀의하여 반야 지혜로 깨달음의 저
언덕으로 건너가려는 연기조사의 노습이 탑과 석등에 구현된 것이다.
고려시대 문종의 넷째 아들인 대각국사 의천은 연기조사의 지극한 효

　　　　　　　　　　　　지리산은 절을 품고 절은 지리산을 담다

심을 기려 '효대'라는 시를 남겼다. 이를 계기로 이곳을 효대(孝臺)라고
부른다.

> 적멸당 앞에는 빼어난 경치도 많은데
> 길상봉 위에는 한 점 티끌도 끊겼네
> 온종일 서성이며 지난 일들을 생각하니
> 날은 저무는데 효대에 슬픈 바람 이누나

> 寂滅堂前多勝景(적멸당전다승경)
> 吉祥峯上絶纖埃(길상봉상절섬애)
> 彷徨盡日思前事(방황진일사전사)
> 薄暮悲風起孝臺(박모비풍기효대)

이은상도 이곳에 올라 '효대'란 시를 지었다.

> 일유봉은 해 뜨는 곳 월유봉은 달 뜨는 곳
> 동백나무 우거진 숲을 울 삼아 둘러치고,
> 네 사자 호위받으며 웃고 서 계신 저 어머니!

> 천 년을 한결같이 비가 오나 눈이 오나
> 어여쁜 아드님이 바치시는 공양이라

효대에 눈물 어린 채 웃고 서 계신 저 어머니!

그리워 나도 여기 합장하며 같이 서서
저 어머니 아들 되어 몇 번이나 절하옵고
우러러 다시 보오매 웃고 서 계신 저 어머니!

그런데 국립순천대 연구 교수로 재직 중인 유근자는 '석탑과 석등의 인물은 모두 스님 모습이고, 석탑의 스님상은 손에 연봉오리를, 석등 인물상은 받침이 있는 찻잔을 들고 있는 점으로 보아 두 인물상이 들고 있는 것은 부처님께 올리는 공양물인 연꽃과 차로 보는 것이 타당할 것'으로 보고 있다.

사사자 삼층석탑에 오르니 각황전, 대웅전을 중심으로 한 주불전 영역이 한눈에 보인다. 그리고 이를 에워싸고 있는 어머니 같은 지리산 능선이 보인다. 1,300여 년 전 이곳에 화엄도량을 조성한 연기조사의 마음이 느껴진다. 지리산은 화엄도량 화엄사를 품은 산이다. 지리산이 품은 화엄사는 연화장세계를 구현한 불국토였다. 또한 화엄사는 어머니 같은 지리산을 화엄도량에 담아놓은 듯 보였다. 산은 절을 품고 절은 산을 담았다. 지리산이 곧 화엄도량이었다.

지리산은 절을 품고 절은 지리산을 담다

주련에 꽃 핀 화엄 세계

화엄사는 통일신라시대 사세가 클 때 81 암자에 이를 정도로 거대한 절이었다고 한다. 지금은 규모가 많이 축소되었지만, 여전히 천년 고찰이면서 대찰의 면모를 갖추고 있다. 그래서인지 지금도 화엄사 누리집이나 안내도 등에 큰 '대(大)' 자를 붙여 '지리산대화엄사(智異山大華嚴寺)'로 쓴다. 각황전 자리에 있던 3층의 장육전은 보는 것만으로도 웅장했을 것이다. 장육존상을 봉안한 장육전 안 벽에『화엄경』을 석판에 새겨 장식해 놓았다고 하니 그것을 보는 것만으로도 화엄의 세계에 들어온 듯했을 것이다.

화엄사는 거의 모든 전각에 주련을 걸어 놓았다. 주련의 내용은 선시나 석문의범 등에 나와 있는 글귀이지만 화엄경의 내용을 새겨 놓은 주련이 가장 많다. 파편화한 '화엄석경'을 '화엄주련'으로 되살려 내고 싶은 사부대중의 마음이 반영된 것이 아닐까. 그리고 화엄원, 광학장, 만월당, 보제루 등 여러 전각에『화엄경』을 주련에 새겨 걸어 놓은 것도 그 일환이 아닐까 싶다.

화엄원은 사찰 체험 공간으로 2012년에 건립한 전각이다. 화엄원 주련은 의상조사 법성게 30구 중 12구를 새겨 놓았다. 화엄원 또 다른 곳에 있는 주련은『화엄경』게송을 새겨 놓았다.

만일 삼세의 모든 부처님을 알고자 하면

응당 법계의 성품을 관찰하라
일체가 오직 마음으로 지은 것이니라

若人欲了知(약인욕요지)
三世一切佛(삼세일체불)
應觀法界性(응관법계성)
一切唯心造(일체유심조)

'일체유심조'는『화엄경』을 모르더라도 일상에서 익숙하게 듣고 사용하는 문구다. 우리는 모든 것이 '마음의 조화'라는 것을 상식적으로 알고 있다. 아무리 억장이 무너지는 일을 당해도 '마음 한 번 고쳐먹으면' 별것도 아니고 다 지나간다는 것을 경험적으로 안다. 하지만 실천이 잘 안 되는 게 문제다. 그래서 마음을 닦는 수행이 으뜸이다.

광학장은 수련장으로서 산사 체험과 수련회를 하는 전각이다. 광학장 우측 건물 주련은『화엄경』입법계품과 십회양품 중에서 경문을 새겨 놓았다.

부처님의 지혜는 허공과 같이 광대하며
세상에 가장 밝은 등불이 되어라
모든 중생들로 하여금
세간의 모든 망상을 다 깨닫게 하고

지리산은 절을 품고 절은 지리산을 담다

청정한 선근을 널리 회향케 하여
중생을 이롭게 하는 일 언제나 쉬지 않네

佛智廣大同虛空(불지광대동허공)
得成無上照世燈(득성무상조세등)
悉令一切諸衆生(실령일체제중생)
悉了世間諸妄想(실료세간제망상)
淸淨善根普回向(청정선근보회향)
利益群迷恒不捨(이익군미항불사)

1연과 4연은『화엄경』입법계품, 2연·3연·5연·6연은『화엄경』십회
양품 내용이다. 허공과 같이 넓고 큰 부처님의 지혜는 모든 중생의 마
음을 밝혀 주고 망상을 깨닫게 하며 악에서 구해 주시는 일을 멈추지
않는다는 내용이다. 하지만 이러한 부처님의 중생제도를 위한 자비심
도 부처님을 내 마음속에 받아들이고 정진할 때 가능한 일이다.

선등전 주련은『화엄경』입법계품과 십지품의 경문을 옮겨 새겨 놓
았다. 입법계품 주련은 다음과 같다.

만약 부처님의 경계를 알고자 한다면
마땅히 그 뜻을 허공과 같이 맑게 하여
망상과 모든 집착을 멀리 여의고

마음이 향하는 곳 걸림이 없도록 하라

若人欲知佛境界(약인욕지불경계)
當淨其意如虛空(당정기의여허공)
遠離妄想及諸取(원리망상급제취)
令心所向皆無碍(영심소향개무애)

부처를 찾고자 한다면 마음 쓰기를 허공과 같이 하라는 가르침이다. 허공은 어디에도 의지하는 것이 없고 얽매임이 없다. 그런데 마음이 요술을 부려 그렇게 되는 데 걸림이 많다. 마음을 어떻게 쓰느냐에 따라 중생도 되고 부처도 된다. 불성을 찾는 데 마음을 써야 하는데 가장 큰 걸림돌이 망상과 집착이다. 그러니 부처님의 경계를 알고자 한다면 망상과 모든 집착을 내려놓아 마음에 걸림이 없는 삶을 살라는 가르침이다.

화엄원 현판에서 보듯이 화엄사는 화엄종찰이었다. 전각 주련에 화엄경의 내용을 가장 많이 새겨 놓은 것도 이를 증명한다. 주련은 한문으로 써 있기 때문에 읽기 어렵다. 이를 의식한 듯 화엄사는 각 주련마다 아래쪽에 해석을 써서 붙여 놓았다. 그래도 생소한 불경의 내용이 많아 이해하기가 쉽지 않다. 하지만 인내심을 갖고 찬찬히 읽고 숙고해 보면 그 의미가 화선지에 먹물 번지듯 마음 속에 퍼질 것이다.

화엄사 전각을 보며 색다른 느낌, 힐링되는 느낌, 편안한 느낌을 충분히 누리되 한 줄 주련의 의미라도 읽고 마음에 새기면 좋겠다. 절은 예불 공간이자 수행 공간이면서 부처님의 가르침을 배우고 실천하며 체득해 나가는 도량이다. 부처님도 열반 직전에 다른 것에 의지하지 말고 법에 의지하라고 하지 않았는가. 주련의 내용은 부처님 가르침의 정수를 새겨 놓은 것이니 마음에 새겨 두는 것은 어떨까. 그 씨앗이 언젠가 큰 깨달음으로 발아될지 누가 아는가.

절을 불태울 수는 없다

"절을 태우는 데는 한나절이면 되지만 절을 세우는 데는 천 년 이상의 세월로도 부족하다."

언뜻 읽어 보면 절을 태우라는 명령에 맞닥뜨렸을 때 이에 대한 항변처럼 보인다. 그렇다. 그런데 언제, 누가 한 말일까. 아마 전쟁 때 군인이 아니었을까. 그렇다면 임진왜란, 몽골 침략, 6·25 한국 전쟁 때일 것이다. 이 세 시기에 수많은 불교 문화유산이 소실되었기 때문이다.

이 말의 주인공은 6·25 한국 전쟁 때의 차일혁 경무관이다. 지리산 천년고찰에 은거하는 빨치산 토벌을 위해 화엄사, 천은사, 쌍계사 등을 태우라는 상부의 지시를 받고 절의 문짝만을 떼어 법당 앞에서 불태우며 그가 한 말이다. 전쟁이라는 엄혹한 상황에서 명령을 거부한다는 것은 죽음도 불사한다는 의미다. 그래서 차일혁은 문짝만을 태우는 선에서 사찰을 지키고 명령도 아주 거부하지 않는 묘안을 찾은 것이다.

차일혁은 1920년 홍성군의 외가에서 태어난 후 김제로 내려가 보통학교에 다니다 다시 홍성군으로 이사했다. 1935년 홍성공업전수학교에 입학하였으나 이듬해 중국 상해로 망명하여 독립운동에 투신하였다. 중국 중앙군관학교를 졸업하고 1941년 중국 태항산 전투에 참가하여 승리했다. 1945년 악질 고등계 형사 사이가와 쓰보이를 저격하는 등 일제 잔당 청산에 앞장섰다. 1949년 103연대 1대대장으로 임명되고 1950년 제7사단 직속 구국의용대장(대위)으로 6·25 한국 전쟁에 참전하여 유격대를 조직하여 유격전을 펼쳤다. 같은 해인 1950년 전북경찰국 제18전투대대장으로 임명되었다. 1951년 빨치산이 장악한 칠보발전소를 탈환하고, 그 뒤 소각의 위기에서 사찰을 지켰고, 1953년 9월 남부군 총사령관 이현상을 사살하고 섬진강에서 장례를 지냈다. 1957년 공주경찰서장에 임명되고 다음 해 38세를 일기로 사망했다.

전화(戰火)의 위기 속에서 천년고찰 문화유산을 수호한 공적을 인정받아 1958년 조계종 초대 종정 효봉스님으로부터 감사장을 받았다. 그의 업적을 종단의 이름으로 인정하고 현창한 것이다. 1998년에는 화엄사 경내에 그를 기리는 공적비를 세웠다. 2013년 8월 새로 공적비를 세우고, 원래 있던 공적비는 차일혁기념사업관으로 옮겨 그 뜻을 기리고 있다.

차일혁 경무관이 화엄사를 전화로부터 지킨 그해, 해인사 팔만대장경도 김영환 대령의 기지로 소실될 위기를 벗어났다. 소중한 천년고찰의 불교 문화유산은 명령 불복종에 따른 처벌의 위기를 무릅쓰고 지켜

낸 경찰관과 군인의 지혜로운 처신 덕분에 무사히 보존되었다. 문정희 시인의 말처럼 그는 "깊은 인본정신 살과 뼈에 사무쳐 포용과 인간애를 잊은 적이 없는" 군인이자 경찰관이었다.

화엄사 일주문을 들어가면 오른쪽에 차일혁경무관추모비가 세워져 있다. 추모비문은 시인 문정희가 짓고, 글씨는 아들 차길진이 한글로 썼다. 화엄사를 찾는 대중 대부분은 이 추모비를 그냥 지나쳐 금강문, 천왕문을 통과하여 대웅전과 각황전 영역으로 올라간다. 아쉬울 뿐이다. 그의 추모비 앞에서 비문을 찬찬히 읽으며 천년고찰 화엄사를 지켜 낸 차일혁의 위업에 감사와 공적을 함께 기렸다.

화엄사 차일혁 경무관 추모비

구례 화엄사 구층암

나는 죽어 절집을 떠받치리

알 만한 사람은 안다. 화엄사에 가면 구층암에 가 봐야 한다고. 화엄사와 멀리 떨어진 산속에 있는 암자일 거라고 짐작하지만 화엄사 대웅전 오른쪽으로 돌아 400여 미터 가면 구층암이 나온다. 멀리 떨어져 있지는 않지만 조릿대숲을 꼬불꼬불 지나고 다리도 건너야 하니 깊은 산중으로 들어가는 느낌이 들기에 충분하다. 사람들은 무엇에 매료되어 구층암에 가는 걸까.

20여 년 전 김봉렬 건축가의 책을 읽고 언제 한 번 가 봐야지 하는 막연한 바람을 품고 있었는데 이제야 시절인연이 무르익어 가게 되었다. 그때 읽었던 책의 내용은 잘 다듬지도 않은 채로 승방(요사채)에 세운 모과나무 기둥에 대한 이야기였다. 건축가의 시선으로 보는 사찰 건축에 대한 내용인데, 자연스런 건축의 아름다움에 대한 일종의 찬미였다.

지리산은 절을 품고 절은 지리산을 담다

구층암은 들어가는 방향에 〈구층암〉이란 현판이 걸려 있는 건물이 있고 그 옆에 3층탑이 있다. 무너진 탑의 부재들을 옮겨 와서 있는 그 대로 쌓았기 때문에 균형미나 정제미는 떨어지나 탑의 모양은 갖추었다. 모퉁이를 돌아 반대쪽으로 가면 '맑은 차향이 사방으로 퍼진다'는 〈다향사류(茶香四流)〉 현판이 있다. 그 현판이 있는 곳에서 방 안으로 들어갈 수 있다. 이곳이 건물의 정면인 셈이다. 방 안에는 〈무문관(無門關)〉 현판이 걸려 있다.

화엄사 구층암 모과나무 기둥

구층암 안과 밖에 있는 〈무문관〉과 〈다향사류〉 두 현판은 구층암이 변해온 과정을 압축적으로 보여 준다. 구층암은 지금 화엄사 선원이 세워지기 전에는 선사들이 선 수행을 하던 곳이었다. 지금은 이곳이 구층암과 화엄사 주변에 자생하는 죽로차를 마시고 법담을 나누는 다실로 사용되고 있다. 구층암 맞은편에 또 하나의 요사채가 있고 왼쪽에는 천불을 봉안한 천불보전이 있다. 천불보전 앞에는 석등과 배례석이 있고 그 뒤 천불보전으로 들어가는 입구 양쪽에 두 그루의 모과나무가 있다.

예상대로 〈다향사류〉 현판이 있는 쪽에 있는 두 개의 기둥이 모과나무였다. 그리고 맞은편 요사채에도 기둥 하나가 모과나무로 되어 있다. 모과나무 수령은 대체로 200여 년이라고 한다. 목조로 지은 사찰은 대체로 200여 년 주기로 중수한다고 한다. 구층암 모과나무 기둥은 천불보전 앞에 있던 모과나무가 수명이 다 될 때쯤 베어 구층암 기둥으로 세운 것이라고 한다.

죽어서 땔감으로 쓰이지 않고 전각을 받치는 기둥이 된 것이다. 두 개의 기둥은 껍데기만 벗겨 낸 그대로 지붕을 떠받치고 있다. 기둥 하나는 거꾸로 세워 서까래를 떠받치고 있다. 쓰임새대로 세운 것이겠지만 보는 사람들에게는 파격적인 미로 보였다.

방 안에 들어가니 차향이 물씬 풍겨 왔다. 마침 먼저 차를 마시던 사람들이 있었다. 동석하여 죽로차를 마셨다. 구층암 주변에서 자라는 야생차를 발효시긴 차라 부드럽고 은은한 맛이 나고 차 특유의 향이 후각을 부드럽게 자극시켜 주었다. 여러 잔의 차를 마시며 차에 대해 이

지리산은 절을 품고 절은 지리산을 담다

야기를 나누다 차를 함께 마시던 거사의 안내로 야생차밭에 가서 설명을 들었다.

박문현 거사가 화엄사 죽로차를 설명하고 있다.

화엄사 야생차는 대나무에서 떨어지는 이슬을 먹고 자란다고 한다. 이 차가 바로 화엄사 죽로차이다. 차나무는 햇빛이 아주 강렬하거나 음지에서 자랄 때 차 맛이 제대로 안 난다고 한다. 그런데 죽로차는 대나무가 햇빛을 적당히 가려 주어 천혜의 생육 조건을 갖고 있다고 한다. 그리고 아주 기름진 토양이 아닌 곳이어야 뿌리가 땅속으로 깊이 들어가 차 맛이 좋은데 이곳이 그런 조건을 갖고 있다고도 했다.

다향사류에서 마시던 차향과 맛이 차밭에서 풍겨 나오는 듯했다. 야생차는 자라는 과정에서 가지를 일률적으로 자르지 않고, 재배차보다 찻잎을 따는 횟수가 적어 찻잎들이 스트레스를 적게 받는다고 한다. 스트레스를 받은 찻잎이 몸속에 품는 것이 독소이니 당연히 차 맛과 영양이 다르다는 것이다.

야생차밭에서 다시 〈다향사류〉 현판이 있는 구층암으로 돌아왔다. 절에서 흔히 하는 말 중에 '다선일미(茶禪一味)'란 말이 있다. 차 맛과 선의 깊은 경지를 체득하지 못했기 때문인지 이 말의 깊은 뜻을 알기가 쉽지 않다. 차 맛과 선이 같은 맛이라는 말인지, 차를 마시면 선의 경지에 들어가기 쉽다는 말인지 아니면 그 반대의 의미인지를 정확히 모르겠다. 다만 선정(禪定)에 드는 체험을 하지 않은 채 음미하는 차는 맛은 있겠지만 다선일미나 다선일여(茶禪一如)의 경지는 아닐 것이다.

화창한 봄날 남도에 매화 소식이 들릴 때쯤 화엄사에 가 볼 일이다. 각황전 옆에서 붉다 못해 검붉게 피는 홍매화만 보고 돌아오지 말고 들매화가 있는 곳으로 발길을 돌려도 좋겠다. 들매화를 보고 오는 길에 구층암 마루에 앉아 수명이 다할 때쯤 생긴 모습 그대로 소신공양하여 사찰의 도량목이 된 모과나무 기둥을 어루만져 보는 것도 좋겠다. 그러면 어디선가 죽로차향이 댓잎 바람에 실려 올 것이다. 그때 죽로차 한 잔 드시고 가라는 스님의 말소리가 당신을 부를지도 모를 일이다.

구례 천은사

글씨에도 기운이 있네

절에 같이 가는 친구가 '절친'이라는 그럴듯한 우스갯소리가 있다. 부처님의 법문을 듣기 위해 함께 가는 친구이니 오랫동안 우정을 이어 오는 친구와 비교해도 손색이 없다. 절친과 함께 어디를 갈까 고민하다가 오래전 지리산에 오를 때 스쳐 지나간 이후로 가 보지 않았던 절을 가기로 했다. '이상한 변호사 우영우'라는 드라마에서 사찰 통행료 징수에 관한 이야기로 세인들에게도 알려진 그 절, 천은사다

동지가 지난 지 벌써 일주일이 되었다. 동지를 기준으로 가장 길었던 밤이 점점 짧아지고 낮은 길어진다. 그래도 동지 전후라 산은 음의 기운이 만연한 때이다. 자연은 깊은 음의 세계로 침잠해 들어간다. 겨울 지리산의 숲속은 적막하다. 봄부터 가을에 걸쳐 산을 뒤덮었던 신록과 단풍을 벗어 던지고 뼈대만 남아 골격을 자랑한다. 숲을 덮었던 장식

이 사라지고 실체만 드러낸 듯하다. 그래서 나목(裸木)은 겨울의 상징
이다.

산이 품은 사찰도 자연의 이치에 따라 스님들은 지금 동안거에 들어
갔다. 음력 10월 보름부터 1월 보름까지 각 사찰의 선원에서 치열하게
수행 정진을 한다. 하루에 반 이상을 좌복에 앉아 화두를 참구하고 있
다. 몸과 마음에 덕지덕지 붙었던 탐진치 삼독을 덜어 내고 고요 속으
로 들어간다. 그래서 좌선하는 모습은 온갖 번뇌를 덜어 낸 겨울산의
나목과 같다. 지리산이 품은 절에서도 지금 많은 수행자들이 나목이
되어 참선하고 있는 중이다.

천은사 산문

지리산은 절을 품고 절은 지리산을 담다

지리산 천은사 입구에서 제일 먼저 만나는 문은 산문(山門)이다. 천은사가 산에 있는 산사이니 일주문 가기 전에 산문을 세웠다. 산문은 자동차가 지나갈 수 있게 만들어 규모가 일주문에 비해 크다. 산문도 일주문처럼 양옆에 기둥을 하나씩 세웠다. 그런데 거대한 기둥을 깎지 않고 원래 있는 그대로 사용한 점이 독특하다. 산문에는 〈방장산천은사(方丈山泉隱寺)〉 현판이 걸려 있다. 글씨는 학정 이돈흥이 썼다. 그런데 왜 일주문처럼 〈지리산천은사〉라고 쓰지 않고 〈방장산천은사〉라고 썼을까. 삼신산의 하나인 방장산이란 이름을 지리산처럼 친근하게 사용한 것으로 보인다.

　산문 뒤쪽에는 〈남방제일선찰(南方第一禪刹)〉 현판이 걸려 있다. 호남지방에서 제일가는 선종 사찰이란 의미쯤 되겠다. 이 근거는 어디에서 나왔을까. 천은사는 창건 이래 많은 수행자가 수행하던 곳이었는데, 고려 충렬왕 때는 남방제일선원(南方第一禪院)으로 승격될 정도로 번성한 절이었다. 〈남방제일선찰〉 이름도 여기에서 유래한 것으로 보인다. 이 현판 글씨도 학정 이돈흥이 썼다.

　절에 갈 때 일주문이 보이면 마음이 턱 놓인다. 이제 절에 왔구나 하는 도달의 기쁨을 주기 때문이다. 웅장하지 않은 일주문이면 더욱 좋다. 위압적이지 않아서 그렇다. 일주문은 기대감을 준다. 일주문을 통과하면 각종 전각이 불국토를 이루고 거기에는 다양한 이야기가 배어 있기 때문이다. 무엇보다 일주문은 개방문이기에 거침없이 들어갈 수 있다. 그래서 더 조심스럽게 마음을 고요하게 정돈하고 들어간다. 천은사도 그렇다.

천은사는 신라 흥덕왕 3년(828년)에 인도의 덕운스님이 창건한 절로 전해진다. 하지만 875년 도선국사가 창건했다는 기록도 있어 창건 시기는 정확히 알 수 없다. 창건할 당시 경내에 있는 샘물을 마시면 정신이 맑아진다고 하여 절 이름을 감로사(甘露寺)라 했다. 감로의 영향인지 창건 이후 많은 스님들이 이곳에 와서 수행 정진했다고 전한다.

감로사의 감로는 달다는 '감(甘)' 자와 이슬 '로(露)' 자가 합쳐진 글자로 '달콤한 이슬'이란 뜻이다. 불교에서 감로는 반야지혜를 말하는데, 깨달음의 맛을 비유하는 데 쓴다. 감로란 말은 싯다르타가 6년의 고행 끝에 네란자라 강기슭의 보리수 아래에서 성도하여 붓다가 된 후 사람들에게 설법을 결심하고 외친 사자후에 나온다.

부처님은 '지금 내가 깨달은 법은 극히 미묘하고 심원하여 사람들이 쉽게 이해하지 못할 것'이라 판단하여 설법을 주저한다. 그때 인도 최고의 신으로 불리는 범천(梵天)이 '세상에는 눈 밝은 사람들도 있으니 그들을 위해 진리를 설해 달라'고 권청(勸請)한다. 범천의 말을 들은 부처님은 마음을 돌이켜 법하기로 결심하고, "이제 감로의 문을 열리라. 귀 있는 자는 들어라. 낡은 믿음을 버려라."라고 사자후를 외친다.

이때부터 부처님은 '새벽이슬처럼 달콤한 감로의 법문'을 열고 가르침을 펴기 시작한다. 드디어 45년간의 길에서 길로 이어지는 설법 전도가 시작되었다. 붓다의 설법은 감로의 법문이 되어 수많은 사람들이 출가하고 깨달음을 얻는다. 관세음보살이 들고 있는 정병에 들어 있는

지리산은 절을 품고 절은 지리산을 담다

물도 깨달음의 물, 감로수다.

천은사 일주문

임진왜란 때 불타 없어진 감로사를 1610년(광해군 2)에 혜정스님이 다시 지었다. 그 후 화재로 소실되어 1679년(숙종 5)에 단유스님이 절을 중건하였다. 당시 샘가에 큰 구렁이가 자주 나타나 사람들이 무서워하자 한 스님이 잡아 죽였는데, 그 뒤로 샘물이 솟아나지 않았다고 한다. 그래서 '샘이 숨었다' 하여 감로사를 천은사(泉隱寺)로 이름을 바꾸었다. 그런데 절 이름을 바꾼 후부터 원인 모를 화재가 잦고 재화가 끊이지 않았다. 주민들도 절의 수기(水氣)를 지켜주는 구렁이를 죽였기 때문이라고 여겼다.

이러한 내력을 들은 원교 이광사(1705~1777)가 〈지리산천은사(智異山泉隱寺)〉 현판 글씨를 물 흐르는 듯한 서체로 써 주었다. 그런데 이 현판을 걸어 놓은 이후로 화재가 일어나지 않았다고 한다. 이 현판 글씨는 지금 천은사 일주문에 걸려 있다. '새벽녘 고요한 시간에는 일주문 현판 글씨에서 물 흐르는 소리가 은은하게 들린다'는 말도 전해지는데, 이는 천은사와 이광사의 글씨에 얽힌 이야기를 느낌으로 치환한 듯하다.

다만 이광사가 이 현판 글씨를 언제 써 주었는지는 명확하지 않다. 단유스님이 천은사를 중창한 후 100여 년이 지난 1773년(영조 49)에도 화재를 당해 2년 뒤인 1775년에 혜암스님이 중창하였으니 전해 오는 이야기를 믿는다면 이광사가 글씨를 써 준 시기는 1775년 이후일 것이

천은사 일주문 〈지리산천은사〉 현판

지리산은 절을 품고 절은 지리산을 담다

다. 사찰을 중창한 후 혜암스님이 신지도에 유배 중이던 이광사에게 글씨를 부탁하여 써 준 것으로 보인다. 그의 글씨가 절정기를 지나 완숙기에 이르러 〈지리산천은사〉 현판 글씨를 썼기 때문에 화재를 막는 효험까지 있는 영험한 글씨가 되지 않았을까 싶다.

천은사 일주문 앞에 서서 〈지리산천은사〉 현판을 한참 동안 바라보았다. 유려한 수체(水體)로 썼기 때문에 말 그대로 물이 쉼 없이 흐르는 듯한 느낌이 들었다. 글씨의 필획은 복잡한 듯하지만 끊어짐이 없이 연결되어 있다. 필획을 따라가다가 글씨의 뜻을 잊어버리기 쉽다. 글씨를 보다 나를 잊어버리는 순간이다.

서예가의 글씨는 단지 기교에 머무는 것이 아니다. 글씨를 쓰는 사람이 혼신의 힘을 다해 썼기 때문에 그 글씨에는 혼이 담겨 있다. 천은사 공식 누리집에는 "(이광사가) 글씨를 써 주면서 이 글씨를 현판으로 일주문에 걸면 다시는 화재가 생기지 않을 것"이라 말하였다고 기록되어 있다. 이광사가 현판 글씨를 쓸 때의 마음을 느낄 수 있다. 그래서 천은사 일주문 현판에 전해오는 이야기가 허무맹랑하지는 않은 것 같다.

천은사를 창건한 스님은 정신이 맑아지는 샘물이 있어 절 이름을 감로사라 지었다고 하지만, 이곳에서 수행하는 비구들이 붓다가 깨달은 '감로'의 진리를 듣고 수행 정진하여 깨달음에 이르기를 바라는 마음에서 감로사라 이름을 지었을 것이다. 1679년 단유스님이 사찰을 중창한 후 맑은 샘물이 말라 버린 것은 구렁이를 죽인 이유도 있었겠지만 수행 기풍이 약해진 것을 상징하는 것이 아닐까. 약화된 수행 정진은 1775

년 절을 다시 지으며 크게 진작되었고, 그때 이광사 글씨의 영험한 일화가 만들어져 유포된 듯싶다.

사찰을 창건하며 감로사라 이름을 짓고, 중창하며 천은사라 개명하고 이광사의 현판 글씨로 화재를 예방했던 천은사는 화엄사, 쌍계사와 더불어 지리산 3대 사찰로 불린다. 절 이름과 명필에 얽힌 이야기가 스며 있는 천은사는 지리산이 품어 세상에 그 이름을 드러낸 사찰이다. 일주문 앞에 오래 서 있으니 1,200여 년 동안 흘러오는 천은사의 감로수 소리가 은은하게 들리는 듯했다.

극락보전 가는 길

일주문을 지나면 수홍루(垂虹樓)가 나온다. 지리산에서 발원하여 섬진강으로 흘러가는 계곡 위에 서 있다. 순천 선암사 강선루와 같이 2층 누각이다. 작지만 아담하며 소박하다. 힘찬 소리를 내며 누각 아래로 흐르는 물소리 때문인지 누각은 약간 들떠 있는 듯하다. 청량한 물소리와 조응하는 모습을 자연스럽게 연출한다. 2층으로 오르는 계단이 없어 누각에 올라 지리산 계곡에서 흘러내리는 물소리를 듣는 즐거움을 누릴 수 없는 게 아쉽다.

수홍은 '무지개가 느리워져 있다'는 뜻이다. 비가 오고 난 이후에 수홍루 누각 뒤로 무지개가 뜰 때가 있는데 그 모습이 황홀하다고 한다.

지리산은 절을 품고 절은 지리산을 담다

천은사 수홍루

〈수홍루(垂虹樓)〉 현판은 염재 송태희가 썼다. 행서체로 쓴 굵은 획이 힘차게 요동치는 듯했다. 이런 아름다움 때문인지 수홍루는 '미스터 선샤인' 드라마의 촬영지였다.

수홍루를 지나 오른쪽 위를 보면 경사진 언덕에 사천왕문이 있다. 그런데 문 안으로 들어서기 전에는 사천왕문인지 확실하지 않다. 다른 절 사천왕문에 걸려 있는 현판이 없기 때문이다. 사천왕문 안에는 오른쪽에 비파를 든 동방 지국천왕과 칼을 찬 남방 증장천왕이 있고, 왼쪽에는 용과 여의주를 든 서방 광목천왕과 보탑을 든 북방 다문천왕이 있다. 불법을 지키는 네 천왕들이 이곳을 통과하는 사람들을 맞이하고 있다.

천은사 사천왕문

사천왕상들이 우리를 쳐다보며 요구하는 것은 무엇일까. 사천왕들은 일주문을 들어서기 전 하나로 모았던 마음이 흐트러지지는 않았는지, 오만가지 생각으로 번뇌가 치성했는지 점검하려고 각자의 자세로 그곳을 지나는 사람들을 쳐다보고 있다. 천은사 사천왕문은 무슨 문인지 모르고 들어섰다가 무섭게 쳐다보는 사천왕상을 보며 놀라게 된다. 천은사 사천왕문에 현판을 걸어놓지 않은 이유도 그런 뜻이 담겨 있는 건 아닐까. 정신차리라고.

사천왕문을 지나면 빛바랜 검은 색을 띠고 있는 정면 5칸·측면 3칸 규모의 맞배지붕 전각이 시야에 꼭 차게 들어온다. 아직 주불전을 보게 할 수 없다는 듯 가로로 길게 서 있다. 이 건물은 강당으로 사용된 보제루(普濟樓)로 정면은 1층, 후면은 2층으로 구성되어 있다. 보제루는 '두루 (중생을) 구제하는 누대'란 뜻이다. 루(樓)는 주로 2층으로 되어 있어 주위를 널리 조망할 수 있는 위치에 선 건물로, 천은사 극락보전처럼 절 안의 본전으로 들어가는 입구에 있다.

천은사 보제루

극락보전 쪽에서는 보제루 안으로 들어갈 수 있다. 다른 사찰의 강당과 다르게 마당과 보제루 안의 마루 사이에 3개의 나무 계단이 있어 강당에 오르는 느낌을 준다. 보제루는 다른 전각들과 달리 불상이나 탱화 등이 없이 텅 빈 공간이다. 하지만 보제루는 극락보전과 마주 보는 공간으로 제2의 주불전과도 같은 곳이다. 과거에는 대중들이 법회에 참석했을 때 극락보전이 아닌 이곳에서 법문을 듣고 예불을 드리던 공간이었다.

보제루에 앉아 있으면 맞은편 극락보전에서 들려오는 스님의 염불 소리와 지리산 숲속에서 불어오는 바람 소리가 만나 묘한 공명을 일으킨다. 지리산은 천은사를 품고 천은사는 지리산을 담았다. 〈보제루(普濟樓)〉 현판은 창암 이삼만이 썼다. 보제루 왼쪽에 있는 회승당의 〈회승당(會僧堂)〉 현판도 창암 이삼만이 썼다. 회승당은 스님들이 모이는 강당이란 뜻이다.

천은사 극락보전

보제루 맞은편에는 주불전인 극락보전이 있다. 서방 극락정토의 주

지리산은 절을 품고 절은 지리산을 담다

재자인 아미타불을 본존불로 모신 법당이다. 아미타불 좌우에는 관세음보살과 대세지보살이 협시로 봉안되어 있다. 아미타불이 법장비구로 수행하던 시절에 48대원을 세워 온갖 괴로움을 없애고 모든 것이 아름답기 그지없는 서방의 극락정토를 건설하였다. 아미타불은 누구나 일념으로 '아미타불' 명호만을 불러도 극락에 왕생시켜 괴로움을 물리쳐 주는 부처님이다. 그래서 우리나라에서 아미타불 신앙은 예로부터 타력의 사후 신앙과 관련하여 대중들의 마음속에 깊이 자리 잡아 왔다. 따라서 전국의 사찰에는 아미타불이 석가모니불 다음으로 많이 봉안되어 있다.

극락보전에는 원교 이광사가 쓴 〈극락보전〉 현판이 걸려 있다. 이곳이 극락정토의 주재자가 있는 곳이라는 것을 강조하고 있는 듯하다. 어간문 기둥 위 〈극락보전〉 현판 좌우에 청룡과 황룡이 조각되어 있다.

극락보전 안에는 2024년 9월 7일 아미타삼존불을 새로 조성하여 봉안했다. 새로 모신 아미타불 좌우에는 관세음보살과 대세지보살이 협시로 모셔진 것은 변함이 없으나, 입상이었던 것이 좌상으로 바뀌었다. 그동안 아미타삼존불 앞에 봉안하여 친견할 수 있도록 했던 석가모니 부처님의 정골 진신사리 5과, 치골 진신사리 1과, 혈 진신사리를 아미타삼존불상 안에 복장물로 모셨다.

아미타삼존불 뒤에는 〈아미타후불탱화〉가 걸려 있다. 1774년 극락보전이 지어진 지 2년 후인 1776년 신암을 비롯한 불모(승려 화가) 14

명이 그렸다. 삼베 바탕에 붉은색과 녹색이 주를 이루며 두껍게 색을 칠했다. 좌우 대칭의 구도에 따라 아미타불이 중앙의 불단 위에 앉아 있고 좌우로 8보살과 10대 제자, 사천왕 등이 둥글게 에워싼 모습이다.

천은사 아미타삼존불 | 2024년 9월 7일 새로 조성하여 봉안하였다.

극락보전 안 불단 좌우 기둥 위에는 수달과 하마가 조각되어 있다. 언제 조각되었는지는 확실하지 않지만 1775년에 혜암스님이 중창할 때가 아닐까 싶다. 1679년(숙종 5)에 단유스님이 절을 중건한 후 화재가 자주 일어나자 혜암스님이 절을 중창하면서 화재 예방의 염원을 담아 두 동물상을 극락보전 안에 새겨 놓았을 것이다.

지리산은 절을 품고 절은 지리산을 담다

극락보전 네 기둥에는 성당 김돈희가 예서체로 쓴 주련이 걸려 있다. 무량한 광명을 상징하는 아미타불을 게송으로 나타내고 있다. 극락보전 앞 둥근 보름달과 같이 밝은 백호상의 금빛 광명이 허공을 비추고 있으니 나를 내려놓고 아미타불을 간절하게 거듭거듭 부른다면 한량없는 공덕이 있으리라는 게송이다.

극락전 앞 보름달 같은 아미타불 모습
금빛 광명 온누리에 비추니
누구든지 일념으로 아미타불 부른다면
찰나 간에 무량한 공덕을 원만하게 이루리

極樂堂前滿月容(극락당전만월용)
玉毫金色照虛空(옥호금색조허공)
若人一念稱名號(약인일념칭명호)
頃刻圓成無量功(경각원성무량공)

극락보전을 오른쪽으로 돌아 운수교를 건너면 템플스테이 전각 옆에 방장선원이 있다. 방장선원은 수행자들이 하안거와 동안거 기간에 참선을 하던 곳이다. 지금 방장선원을 보수 공사를 하는 중인데 완공되면 템플스테이 공간으로 활용될 것이라고 한다. 선방을 템플스테이 공간으로 사용한다는 데 반대 의견도 있다. 출가 인원이 줄고 그에 따라 참선하는 사람들도 감소하니 템플스테이 공간으로 활용하는 것이 아닐까 싶다. 템플스테이를 하는 대중들이 이곳에서 잠시라도 마음을 내려놓고 삼매에 들게 하는 것도 의미가 있을 듯싶다. 예서체로 쓴 〈방장선원(方丈禪院)〉 현판 글씨는 성당 김돈희가 썼다.

천은사 방장선원

아래위에서 마주 보고 있는 천은사 극락보전과 보제루는 사부대중이 예불을 올리고 법문을 듣는 곳이다. 두 공간에서 나무아미타불을 칭명하는 염불 소리가 들리는 듯하다. 두 전각에는 조선의 뛰어난 명필인 원교 이광사와 창암 이삼만, 그리고 근대의 성당 김돈희가 쓴 현판과 주련이 걸려 있어 전각의 아름다움을 더욱 돋보이게 하고 있다.

지리산은 절을 품고 절은 지리산을 담다

극락보전은 많은 사람들이 극락정토에 가는 길을 안내했을 것이다. 지극한 마음으로 염불하다 보면 나를 잊고 선정에 들어갈 것이다. 지금 극락보전 안에서는 천여 년 전부터 울려 퍼진 염불소리가 지금까지 이어지고 있다. 그 긴 시간 동안 끊이지 않는 스님의 염불 소리가 지리산의 바람에 실려 지리산 곳곳에 울려 퍼지고 있었다.

시암재에서 바라본 지리산

드라마의 영향 때문인지 아니면 절에 들르지 않고 산에 오르는 사람들의 요구가 받아들여졌는지 지금 대부분의 사찰에서는 국가유산청과 업무협약을 맺고 2023년 5월 4일부터 통행료를 받지 않는다. 천은사도 통행료를 징수하지 않아 천은사 주차장 옆으로 난 길을 따라 성삼재까지 차로 오를 수 있다. 한겨울에 갔을 때는 눈이 오는 바람에 시암재에서 발길을 돌려야 했다. 하지만 시암재에서 바라보는 지리산 영봉들은 아득하여 형언할 수 없는 아름다움으로 다가왔다. 한 해가 지나 가을 초입에 갔을 때는 성삼재까지 올랐으나 비로 인해 장엄한 지리산을 조망하기 어려웠다. 모든 것이 시절인연이 닿아야 하는 것을 다시 한 번 실감한다.

지리산은 절을 품고 절은 지리산을 담다

구례 연곡사

지리산 피아골에 가거들랑

　우리나라 산하대지에 가면 숱한 이야기들이 전해 온다. 지리산이 품고 있는 사찰에도 전해 오는 이야기가 많다. 그중에는 가슴 아픈 사연이 배어 있는 이야기도 있어 보는 이의 마음에 잔잔한 파문을 일으키기도 한다.

　지리산이 품고 있는 연곡사도 가슴 아픈 사연이 켜켜이 쌓여 있는 사찰이다. 천년고찰이라 불리는 사찰에 가면 거의 어김없이 임진왜란 때 불탔다가 다시 지었다는 사찰 안내문이 있다. 연곡사도 그렇다. 사찰 담당자의 '연곡사는 임진왜란, 구한말, 6·25 한국 전쟁 때 전소되었다'는 말에 가슴 아린 역사가 망치로 정을 때리듯 가슴에 박힌다.

　이렇게 연곡사는 임진왜란뿐만 아니라 구한말 항일 의병 항쟁과 6·25 한국 전쟁 때도 전소되는 아픔을 겪은 절이다. 담양 출신의 의병장 고광순은 1907년 광양만에 주둔하고 있던 일본군을 격퇴하기 위해 의병을 모아 연곡사에 집결시켰다. 그러나 고광순과 의병들은 일본군과 싸우다 모두 순국했고, 그들이 주둔하고 있던 연곡사도 전소되었다.

연곡사가 있는 곳은 가을 단풍으로 유명한 지리산 피아골이다. 아름다운 풍광으로 많은 사람들이 찾는 피아골은 지리산 2경이라 불리는 '직전 단풍'의 직전 마을에서 유래했다고 한다. 연곡사에서 1.2km 정도 오르면 나타나는 직전 마을의 직전(稷田)은 피[稷] 혹은 기장을 재배하는 밭[田]을 뜻한다. 지리산 골짜기 외진 곳에 사는 사람들이 피밭을 일궈 주식으로 삼았던 데서 피아골이라는 이름이 붙여졌다고 한다.

또 다른 유래는 '피가 흘러 강이 되니 푸른 물이 붉게 물들었다[혈류성천 위벽위적(血流成川 爲碧爲赤)]'는 석주관 칠의사묘역의 비문에서 혈(血) 자와 천(川) 자를 따와 순우리말로 피내골이 되었고, 시간이 흘러 피아골이 되었다고도 한다. 연곡사에서 10km 정도 떨어진 섬진강변에 있는 석주관 칠의사묘는 1597년 정유재란 때 전라도 지방의 관문이었던 석주관을 지키다가 숨진 구례 출신 의사(義士) 7명과 남원성 전투에서 순절한 당시 구례 현감을 모신 무덤이다.

비슷한 유래로 피아골은 6·25 한국 전쟁 당시 빨치산 전투에서 죽은 수많은 병사들의 시체에서 흘러내린 피로 계곡을 이뤘다고 해서 이름이 유래했다는 설도 있다. 이 설은 수많은 사람들이 희생에서 유래했다는 점에서 위 석주관 칠의사묘 비문 유래와 비슷하다. 그런데 두 유래설은 사실이 아니라고 한다. 하지만 피아골은 구례 사람들이 흘린

피가 자연스럽게 연상되니 아주 허무맹랑한 유래는 아닌 듯하다. 유래가 무엇이든 간에 둘 다 연곡사가 불에 타 전소된 것과 연관되어 있다.

지금 연곡사에 가면 모든 전각들이 최근에 새로 지은 것처럼 보인다. 6·25 한국 전쟁으로 소실된 전각들을 새로 지었기 때문이다. 일주문은 전쟁으로 전소된 아픔을 치유하듯 우람한 나무 기둥 두 개가 지붕을 떠받치고 있다.

연곡사 일주문

일주문에는 〈지리산연곡사(智異山燕谷寺)〉 현판이 걸려 있다. '연(燕)' 자는 '연(鷰)' 자와 혼용하여 쓰고 있다. 일주문 두 기둥에는 '역천겁이불고 긍만세이장금(歷千劫而不古 恒萬歲以長今)'이란 주련이 걸려 있다. '천 겁이 흘러도 옛날이 아니고, 만세의 앞날이 와도 항상 지금'으로 해석된다. '오랜 세월을 거슬러 올라가도 옛날이 아니며, 오랜 세월을 앞으로 나아가도 미래가 아니고 항상 지금이다'라는 뜻이다. 고금을 꿰뚫어서 있기에 늘 지금, 이 순간이라는 깨달음을 얻은 이가 체험하는 시간을 초월한 인식의 경지다. 두 번째 주련에 있는 '항(恒)' 자는 '널리 뻗음'의 뜻일 때는 '긍'으로 읽고, '긍(亘)' 자와 혼용하여 쓴다. 합천 해인사 일주문에도 걸려 있는 이 주련은 『금강경』을 해설한 『금강경함허설의』에 나온다.

남명 조식은 지리산을 유람하다 지금의 피아골 삼홍소에 이르러 '산이 붉게 물들어 산홍(山紅), 붉게 물든 산이 물에 비쳐 수홍(水紅), 붉게 물든 산이 물에 비친 모습을 보는 사람의 얼굴도 붉으니 인홍(人紅)이

연곡사 삼홍루

지리산은 절을 품고 절은 지리산을 담다

다'라고 했다. 산도 붉고 물도 붉고 사람조차 붉어 삼홍소란 이름이 붙여졌다. 삼홍소는 직전 마을에서 2.5km 정도 더 오르면 볼 수 있는데, 지리산 단풍 산행의 최적지로 많은 사람들의 발길을 이곳으로 끌어당기고 있다. 연곡사 대적광전 앞에 있는 삼홍루는 피아골 삼홍소의 이름을 딴 누각이다.

　연곡사 일주문과 천왕문을 지나면 왼쪽에 2019년 연곡사 스님들과 신도들이 세운 '피아골순국위령비'가 있다. 비문에는 정유재란, 1907년 항일 의병 항쟁, 6·25 한국 전쟁 때 희생된 사람들의 명복을 비는 위령비다. 일본의 침략에 맞서 싸우다가 죽은 사람들, 같은 조국을 꿈꾸었으나 서로 다른 길을 걷다가 희생당한 수많은 사람들을 잊지 않겠다는 비망비다.

연곡사 피아골순국위령비

연곡사에 가면 주불전인 대적광전 가기 전에 피아골순국위령비를 보고 명복을 비는 것도 좋겠다. 가을날 붉게 물든 피아골 단풍 보러 가면 연곡사에 들러 피아골순국위령비를 볼 일이다. 그 비는 한반도에서 일어난 미증유의 임진왜란과 아직도 치유되지 못하고 있는 일제 강점과 6·25 한국 전쟁의 아픔을 새겨 놓은 피아골 혈사비(血史碑)다.

폐허에서 일어나는 힘의 원천

구례 연곡사는 창건 설화에 의하면 인도의 고승인 연기스님이 544년(백제 성왕 22) 창건했다고 한다. 연곡사 인근에 있는 화엄사, 대원사, 덕산사 등도 연기스님의 창건 설화를 갖고 있다. 연기스님은 신라의 스님이었다는 연구, 544년은 위 다른 절 창건 연대와도 겹쳐 역사적 사실과 설화 사이의 균형 잡힌 시각이 필요하겠다.

연기스님이 절터를 잡을 때 이곳에 큰 연못이 있었는데, 연못에서 놀던 제비가 날아가는 것을 보고 연곡사라 이름 지었다고 한다. 세 번에 걸쳐 전소되는 아픔을 겪은 연곡사는 1627년 소요대사의 중창, 1779년 동파당 정심스님의 대웅전 건립, 1965년 대웅전과 요사채 건립, 1981년 대웅전을 헐고 그 자리에 대적광전을 건립하고 1995년 일주문을 새로 세워 지금에 이르고 있다. 하지만 사찰에 들어서면 무언가 휑한 느낌이 든다. 불타 없어진 전각들을 긴 세월에 걸쳐 조금씩 중창, 중건하였기 때문이다.

연곡사는 사찰이 전소되는 아픔 외에도 조선 시대 세금 납부로 힘든 시기를 겪었다. 1745년(영조 21) 왕실의 신주목, 즉 위패목을 봉납하게 됨으로써 밤나무의 벌채를 금지하는 율목주재봉산(栗木主材封山)으로 지정되었다. 연곡사가 율목주재봉산이 됨으로써 연곡사 주지는 신주목 봉납을 책임지는 도제조로 임명되었다. 그래서 지방관의 수탈을 어느 정도 피할 수 있었으나 신주목 봉납이 쉬운 일은 아니었다. 1895년 갑오개혁 무렵에는 밤나무 남용으로 사세가 기울어 승려들이 사방으로 흩어져 절이 폐사할 지경에 이르렀다고 한다.

연곡사는 큰 전란과 외세의 침략으로 사찰이 전소되었음에도 불구하고 무너지지 않고 남아 있는 국가문화유산 국보 2점, 보물 4점의 석조 유물을 보유하고 있다. 동 승탑과 북 승탑은 국보로 지정되었고, 현각선사탑비, 동 승탑비, 소요대사탑, 삼층석탑은 보물로 지정되었다. 연곡사가 고려 전기까지 선종 사찰로 이름이 났기 때문인지 선종의 전통인 승탑과 승탑비가 건립된 것으로 보인다.

대적광전 뒤쪽으로 난 길을 조금 오르면 승탑과 승탑비가 나온다. 동 승탑은 도선국사의 승탑이라고 전해지고 있으나 확실한 고증을 거친 것이 아니어서 누구의 승탑인지는 알 수 없다. 동 승탑은 팔각원당형의 통일 신라 시대의 승탑 가운데에서 가장 형태가 아름답고 장식과 조각이 정교하다. 통일 신라 시대 후기를 대표하는 승탑이다.

동 승탑의 맨 아랫돌에는 구름 속의 용을 팔각으로 장식하였고, 그

연곡사 동 승탑

위의 중대석 받침에는 면마다 형태가 다른 사자상을 새겨 놓았다. 지붕돌은 목조 건축의 지붕 양식을 충실히 따르고 있는데, 기왓골, 처마, 기와 각 부분의 장식을 매우 섬세하게 새겼다. 지붕 아랫면에는 구름 무늬와 여자 선인(仙人)을 조각해 놓았다. 탑의 가장 윗부분은 연꽃, 봉황, 보주 등으로 세밀하고 아름답게 새겨 장식하였다. 동 승탑은 빼어난 아름다움 때문이었는지 일제 강점기 때 동경대학으로 반출될 뻔한 위기도 있었다고 전한다.

동 승탑 옆에는 비의 몸돌이 없어진 채 받침돌과 머릿돌만이 남아 있는 승탑비가 있다. 탑의 이름을 적어 놓는 머릿돌 가운데 글씨가 남아

지리산은 절을 품고 절은 지리산을 담다

있지 않아 승탑비의 주인공이 누구인지 몰라 동 승탑과 마찬가지로 동 승탑비로 부르고 있다.

동 승탑비의 받침돌은 뿔이 하나 달린 용 모양의 머리, 날개 달린 거북 모양의 등을 갖춘 상상 속의 동물인 '연'을 형상화한 것이다. 용의 등 중앙에 비의 몸돌을 끼우도록 마련한 비좌는 구름무늬와 연꽃무늬로 장식해 용 다섯 마리를 생동감 있게 묘사하고 있으며, 꼭대기에는 불꽃에 휩싸인 연꽃 모양의 보주를 조각해 놓았다. 전문가들은 통일 신라와는 다른 조각 형태 등으로 보아 고려 시대에 세워진 것으로 보고 있다.

연곡사 북 승탑

동 승탑에서 북쪽으로 조금 오르면 승탑이 하나 있다. 승탑에 대한 기록이 없어 누구의 승탑인지는 몰라 동 승탑과 같이 북쪽에 있는 승탑으로 부른다. 북 승탑 아래쪽에 현각선사탑비가 있어 이 승탑이 현각선사의 승탑으로 추정하기도 한다. 북 승탑은 동 승탑과 같이 팔각원당형으로 크기와 형태는 거의 같고 단지 세부적인 조각 등에서만 약간의 차이가 있다. 그래서 북 승탑은 동 승탑을 본떠 고려 초기에 세운 것으로 보고 있다.

북 승탑의 기단은 3층으로 아래 받침돌, 가운데 받침돌, 위 받침돌로 이루어져 있다. 아래 받침돌은 2단인데 아래에는 구름무늬, 위에는 두 겹으로 된 연꽃무늬 16잎을 새겨 놓았다. 위 받침돌도 2단으로 나누어 연꽃과 돌난간을 아래위로 장식했다. 특히 위쪽의 단에는 둥근 테를 두르고 그 속에 불교의 극락에 산다는 극락조인 가릉빈가를 새겨 놓았다. 몸돌 각 면에는 향로와 사천왕상을 새겼다. 북 승탑은 동 승탑을 모방하였다고 하지만 8각형 승탑을 대표할 만한 작품이다.

북 승탑에서 서쪽으로 내려오면 소요대사 승탑인 소요대사탑이 있다. 승탑에 '소요대사지탑순치육년경인(逍遙大師之塔順治六年庚寅)' 글귀가 새겨져 있어 1650년(효종 원년)에 세운 소요대사탑이라는 것을 알 수 있다. 소요대사 태능은 서산대사의 선맥을 이은 스님으로 임진왜란으로 소실된 연곡사를 크게 중창하였다.

소요대사탑은 조선 중기에 많이 만들어진 석종형이다. 기단은 3단으로 나누어 단마다 연꽃무늬를 새겼으며, 그 위로 몸돌을 받치도록 두툼한 굄을 두었다. 몸돌에는 한 면에만 문짝 모양을 새기고 다른 면에는

지리산은 절을 품고 절은 지리산을 담다

인왕상을 새겨 놓았다. 지붕돌은 팔각의 귀퉁이마다 꽃장식을 했다. 꼭대기의 머리 장식에는 봉황 네 마리가 새겨져 있다. 동 승탑과 북 승탑에 비해 조각 수준이 떨어지지만 각 부분의 비례가 아름답고 동시대 다른 승탑에 비해서 조형미가 양호하다.

연곡사 소요대사탑

현각선사탑비는 고려 전기 979년(경종 4)에 현각선사를 기리기 위해 세운 것이다. 임진왜란 당시 탑비의 몸돌이 없어져 지금은 받침돌과 머릿돌만 남아 있다. 받침돌은 부리부리한 눈, 큼직한 입, 수염이 달린 용머리를 한 거북을 조각해 놓았다. 머릿돌에는 여러 마리의 용이 서로 얽힌 모습으로 조각되어 있다. 머릿돌 앞면에 '현각왕사비명(玄覺王

師碑銘)'이라는 글자가 새겨져 있어 이 탑비의 주인공이 현각선사임을
알 수 있다.

연곡사 현각선사탑비

남쪽 외떨어진 곳에 있는 삼층석탑은 기단부터 3층에 이르기까지 체
감비율이 완만하며 안정감이 느껴진다. 전문가들은 탑에 사용된 돌의
구성 양식 등으로 미루어 보아 통일 신라 후기에 세워진 것으로 보고
있다.

정리하면 대적광전 위쪽에 부채꼴 모양으로 승탑과 탑비가 있는데,
동쪽에는 주인공을 알 수 없는 동 승탑과 동 승탑비가 있다. 북쪽에 북
승탑이 있다. 서쪽에는 소요대사탑이 있다. 그 아래쪽에 현각선사탑비

지리산은 절을 품고 절은 지리산을 담다

가 있다. 그 아래 남쪽에 삼층석탑이 있다. 국보로 지정된 동 승탑과 북 승탑, 보물로 지정된 동 승탑비는 탑의 주인공을 몰라 위치에 따라 동 승탑, 북 승탑, 동 승탑비로 부르고 있다. 제 이름을 찾는 날이 오면 연 곡사의 역사에 새로운 이야기가 더해질 것이다.

연곡사에 갔을 때 마침 부산에서 사찰 순례를 온 많은 불자들이 일주 문을 지나 대적광전, 관음전 등에 참배하였다. 무릎이 불편한 사람이 계단을 손으로 짚으면서 힘겹게 오르며 불전을 향해 갔다. 불심이 없 으면 어려운 일이다.

연곡사 천왕문

순례를 마친 사람들은 대적광전 뒤쪽으로 난 길을 따라 올라갔다. 그곳에는 아름다운 동 승탑과 북 승탑이 있기 때문이었다. 승탑에 도착한 불자들은 우요삼잡하거나 승탑 요모조모를 사방에서 살펴보고 있었다. 이렇듯 연곡사를 방문하는 사람들은 승탑의 아름다움에 매료된다고 한다.

사찰의 전각은 나무로 지었기 때문에 전쟁 등으로 소실되는 경우가 많았다. 잿더미로 변한 사찰터는 한동안 폐사지로 있다가 인연이 되어 다시 그 자리에 사찰이 세워진다. 엄청난 재원이 들어가는데도 불구하고 사찰을 다시 짓는 것은 불법을 다시 밝히는 작업이다. 상구보리 하화중생하는 보살도를 실천하는 일이다.

연곡사는 세 번에 걸쳐 모든 전각이 불에 타 폐사지로 변했지만 무너지면 또 쌓고 무너지면 또 쌓는 마음으로 사찰을 다시 지었다. 그 힘은 어디서 나왔을까. 폐사된 그 자리에 서 있던 승탑과 승탑비, 석탑이었을 것이다. 그 석조물들은 연곡사에서 불도를 닦고 불법을 공부한 수많은 수행자들을 대표하는 상징물이다. 그런데 어찌 그곳을 버릴 수가 있겠는가.

지리산은 절을 품고 절은 지리산을 담다

하동 쌍계사

호리병 속 별천지

쌍계사는 이름만 들어도 경쾌하고 시원한 느낌을 주는 사찰이다. 쌍계란 말속에 계곡이 연상되고 그것도 한 쌍이라니 더욱 그렇다. 다른 사찰 이름이 불교와 관계 깊은 용어, 예를 들면 반야사, 화엄사 등인데 쌍계사는 자연지리적 환경을 절 이름으로 지었다. 여기에 봄철에는 들어가는 입구 십리 길을 지나는 동안 벚꽃이 만발하여 환영하니 그야말로 카펫을 밟고 꽃대궐로 들어가는 느낌을 준다. 물론 여름, 가을, 겨울에도 쌍계사의 멋진 풍광은 오는 사람들을 감동시킨다.

쌍계사는 통일 신라 시대인 723년(성덕왕 22) 삼법스님과 대비스님이 중국 선종 6대조사 혜능스님의 정상, 즉 두개골을 봉안하고 수행하는 사찰이었다. 그 후 840년(문성왕 2)에 진감선사가 당나라에 가서 혜능스님의 선법을 잇고 귀국해 정상을 보관한 곳에 육조영당을 짓고 절을 크게 중창하여 옥천사라고 하였다. 진감선사의 중창은 실질적으로 옥천사를 새로 창건한 성격이라, 쌍계사의 개산은 삼법스님, 창건은 진감선사가 했다.

헌강왕(재위 875~886) 때 지리산에서 흘러내리는 두 계곡이 만나는 지형에 옥천사가 있는 것을 보고 쌍계사(雙磎寺)라는 이름을 내려 지금에 이르고 있다. 임진왜란으로 전각 대부분이 불에 탄 것을 벽암 각성스님이 1632년(인조 10)에 새로 지었다. 고산스님이 1975년부터 46년간 주석하면서 지금의 가람으로 변모시켰다.

사찰을 창건한 진감선사는 금당 영역, 벽암 각성스님은 대웅전 영역, 고산스님은 문화예술관 영역을 조성하였다. 좁은 입지적 조건을 살려 최대한 필요한 전각을 지으면서 자연스럽게 공간 구성이 셋으로 나누어졌다. 세 영역으로 구성된 쌍계사는 총림사찰이자 대한불교조계종 제13교구 본사로 화엄사와 더불어 지리산이 품은 대표적인 사찰이다.

벚나무꽃 십리길이 끝나는 곳에서 다리를 건너 음식점 상가 골목을 걸어 오르면 두 개의 큰 바위가 나타난다. 그 양쪽 바위에 '쌍계(雙溪)'와 '석문(石門)'이라는 글씨가 음각으로 새겨져 있다. 통일 신라 시대 최고의 문장가인 고운 최치원이 지팡이 끝으로 썼다는 글씨다. 온 힘을 들여 바위를 파 냈을 최치원의 마음도 그려진다. 두 단어를 보면 두 바위가 쌍계사의 문처럼 보인다. 아니 문이다. 쌍계석문.

쌍계사 첫 문인 일주문을 들이가기 전에 최치원을 만나게 될 정도로 최치원은 쌍계사에 깊은 흔적을 남겼다. 최치원은 쌍계사를 중창한 진

지리산은 절을 품고 절은 지리산을 담다

쌍계사 쌍계석문

감선사의 삶과 업적을 담은 진감선사대공영탑비의 글을 짓고 직접 쓰기까지 한 주인공이기도 하다. 그리고 최치원은 이 탑비에 쌍계사를 '호중별유천지(壺中別有天地)'라고 썼다. 쌍계사가 '호리병 가운데 별천지'라는 의미로, 쌍계사가 곧 별천지 무릉도원이라는 것이다.

최치원은 이 탑비뿐만 아니라 '호리병 속의 별천지'란 의미의 '호중별천(壺中別天)'이란 시 여러 수를 지었다. 다음은 그중 하나다.

동쪽 나라의 화개동은 호리병 속 별천지라네
신선이 옥베개 밀치고 일어나니 몸과 세상이 문득 천 년이라

東國花開洞 壺中別有天(동국화개동 호중별유천)
仙人推玉枕 身世欻千年(선인추옥침 신세훌천년)

최치원은 '동쪽 나라 화개동은 호리병 속의 별천지라 신선이 옥베개를 밀치니 순식간에 천 년이 되었네'라고 극찬한 것이다. 언뜻 들어 보면 이해하기 쉽지 않은 표현인데, 주위가 (지리)산으로 에워져 있어 마치 하늘이 호리병 속에 갇힌 것처럼 아늑하고 오붓한 어머니 품만 같은 별천지라는 뜻이다. 섬진강 지류인 화개천을 중심으로 만들어진 고요한 풍경, 어머니의 품과 같은 지리산이 만들어 주는 아름다움과 아늑함이 외부 세계와 단절된 듯 내 안에 평화를 주는 곳처럼 느껴서였을 게다.

이 시는 최치원이 진감선사대공영탑비에 쌍계사의 풍광을 극찬한 '호중별유천지(壺中別有天地)'와 같은 표현이다. 그렇다면 '호중별유천지(壺中別有天地)'는 화개면에 자리한 쌍계사를 지칭한다고 보아도 되겠다. 최치원의 시 '호중별천(壺中別天)'은 중국 시진핑이 2015년 1월 서울에서 열린 '2015 중국 방문의 해' 개막식에 축하 메시지를 보내며 인용하여 널리 알려지기도 했다. 1,100여 년 전 최치원이 남긴 말은 지금도 지리산 쌍계사를 중심으로 울려 퍼지는 명언으로 남아 있다.

이제 호리병 속 별천지인 쌍계사를 들어가려면 일주문, 금강문, 천왕문을 통과해야 한다. 대웅전으로 이르는 일직선상의 건축물 배치축에 따라 일주문을 시작으로 금강문, 천왕문을 건립한 산지가람 배치 형식이 잘 보존되어 있다. 일주문, 금강문, 사천왕문으로 이어지는 삼문은

지리산은 절을 품고 절은 지리산을 담다

조선 시대 특히 후기에 주로 세워지는데, 쌍계사 일주문도 벽암 각성스님이 쌍계사를 새로 지을 때인 1641년(인조 19)에 세워졌다. 일주문은 정면 1칸의 겹처마 팔작지붕 건물에 전체 공포(처마의 무게를 받치고 분산하기 위해 기둥들 위에 짜맞춘 부재)가 14개로 다포식 구조이며, 측면의 규모가 큰 편이다.

속계와 불국토의 경계에 있는 일주문 앞에서 들뜬 마음을 가라앉히고 하나로 모은다. 그러면서 고개를 들면 쌍계사의 문패인 현판이 보인다. 그런데 현판 이름이 예상과 다르게 〈삼신산쌍계사(三神山雙磎寺)〉로 되어 있다. 지리산에 있으니 〈지리산쌍계사〉나 〈방장산쌍계사〉로 써서 걸어 놓았어야 하는데 혹시 잘못 쓴 것은 아닐까.

쌍계사 일주문 | 6개월 전에 왔을 때와 마찬가지로 여전히 보수 공사 중이다.

지리산은 방장산으로 불리며 한라산, 금강산과 함께 삼신산(三神山)으로 불리어 왔다. 일주문을 세우고 산문 이름을 지을 때 지리산 또는 삼신산의 하나인 방장산을 넣는 대신 신선이 사는 산임을 강조하여 〈삼신산쌍계사〉로 했을 것 같다. 최치원이 쌍계사를 '호중별유천지'로, 쌍계사가 있는 화개동을 '신선이 옥베개를 밀치니 순식간에 천 년'이 되었을 정도라고 극찬한 것도 반영되지 않았을까 싶다.

　일주문 뒤쪽에는 〈선종대가람(禪宗大伽藍)〉 현판이 걸려 있다. 이 현판과 앞쪽에 걸려 있는 〈삼신산쌍계사〉 현판은 모두 근대 서화가로 이름을 떨친 해강 김규진이 썼다. 예서체로 쓴 〈삼신산쌍계사〉 글씨는 삼, 산, 계 세 글자를 위쪽으로 배치하여 경쾌하면서도 금방이라도 신선이 사는 곳으로 뛰어 들어갈 것만 같은 느낌을 준다. 글씨와 이름, 자연이 잘 어울린다. 〈선종대가람〉 현판은 쌍계사 창건 당시부터 중국 선종 육조 혜능스님의 법맥을 이어 온 사찰임을 강조한 이름으로 보인다.

　일주문 두 기둥에는 주련이 걸려 있다. 오른쪽 기둥에는 "입차문내막존지해(入此門內莫存知解)", 왼쪽 기둥에는 "무해공기대도성만(無解空器大道成滿)"이 쓰여 있다. "이 문 안에 들어서면 알음알이를 두지 말라. 알음알이를 비운 그릇에 대도가 가득 차리라."라는 뜻이다. 일주문을 들어서면 알음알이를 버려라. 알음알이 없는 빈 그릇이 큰 도를 채운다는 말이다. '입차문내막존지해'는 쌍계사 일주문뿐만 아니라 다른 사찰 일주문에도 걸려 있는 걸 볼 수 있다. 이 주련의 핵심은 알음알이로 해석되는 '지해(知解)'다.

알음알이는 불교에서 자주 쓰는 용어다. 알음알이는 지견해회(知見解會)의 준말로서 아는 체하는 지식, 지식이나 분석력, 머리로 생각하는 판단을 말한다. 사람이 살면서 알음알이를 끊을 수 없다. 불교에서는 알음알이의 상대어로 지혜가 쓰인다. 지혜는 반야지혜를 말하는 것으로 사물이나 존재를 있는 그대로 보는 통찰 지혜를 말한다. 알음알이가 내 생각과 편견 등이 개입된 앎이라면 지혜는 선입견이나 편견 등이 개입되지 않은 상태에서 보는 앎이다. 그래서 불교에서는 알음알이를 버려야 사물과 존재를 있는 그대로의 모습으로 볼 수 있고, 그래야 깨달음을 얻을 수 있다는 것이다. 주련의 글씨는 우송 민효식이 썼다.

쌍계사 금강문

일주문을 지나면 금강문이 나온다. 금강문 안에는 좌우에 나라연금강과 밀적금강이 불법을 수호하고 악을 물리치는 모습을 하고 있다. "불법을 봉행하고 늘 보호하며/ 중생을 모두 하나같이 이익되게 한다[봉행불법상위호/ 이익중생일체동 // (奉行佛法常爲護/ 利益衆生一切同)]"는 주련이 금강문의 성격을 잘 나타내 주고 있다. 나라연금강 옆에는 청사자를 탄 문수보살동자상이 있고, 밀적금강 옆에는 흰 코끼리를 탄 보현보살동자상이 있다. 진감선사가 쌍계사를 창건할 때인 840년(신라 문성왕 2) 처음 세웠고, 1641년(인조 19)에 벽암 각성스님이 중수하였다. 〈금강문(金剛門)〉 현판 글씨는 벽암 각성스님이 썼다.

쌍계사 천왕문

지리산은 절을 품고 절은 지리산을 담다

금강문을 지나면 천왕문이 나온다. 천왕문 안 오른쪽에는 동방 지국천왕과 남방 증장천왕, 왼쪽에는 서방 광목천왕과 북방 다문천왕이 사방에서 불법을 수호하고 수미산 중턱까지 온 사람들을 맞이하고 있다. 지국천왕은 비파를 들고 있고, 증장천왕은 손에 칼을 들고 있다. 광목천왕은 손에 여의주와 용을 쥐고 있고, 다문천왕은 왼손과 오른손에 각각 보탑과 삼차극을 들고 있다.

"범천왕과 제석천왕 그리고 사천왕이/ 불법 문의 가운데서 굳은 서원으로/ 가람에 늘어서서 천만년을 수호하니/ 자연스런 신통과 묘용으로 부처님을 지키네[범왕제석사천왕/ 불법문중서원견/ 열립초제천만세/ 자연신용호금선 //(梵王帝釋四天王/ 佛法門中誓願堅/ 列立招提千萬歲/ 自然神用護金仙)]"란 주련이 천왕문의 의미를 잘 보여 주고 있다. 초제(招提)는 사찰을, 금선(金仙)은 부처님을 의미한다. 천왕문은 1704년(숙종 30) 백봉스님이 세웠다.

일주문을 들어가려면 돌로 된 작은 다리를 건너가야 한다. 다리 이름은 외청교(外淸橋)다. 금강문을 통과하여 천왕문을 가려면 역시 돌로 된 작은 다리를 건너야 한다. 그 다리 이름은 내청교(內淸橋)다. 일주문에 들어가기 전에 마음을 청정하게 하라는 의미로 '맑을 청(淸)' 자가 들어간 다리 이름을 지은 듯하다. 일주문을 통과했다고 방심할 일은 아니다. 그래서 천왕문을 통과하기 전에 다시 한 번 마음을 점검하라는 의미로 '청(淸)' 자가 들어간 다리 이름을 지었다. 세 개의 문을 통과하며 마음을 청정하게 하면 곧 불국토에 들어선 것이나 마찬가지다. 번뇌로 가득한 마음을 갖고 불국토에 들어간다고 마음이 청정해지는 것은 아니다. 쌍계사는 일주문과 천왕문 앞에 외청교와 내청교를 놓아 그 문을 통과하는 사람들에게 마음을 청정하게 하라고 일러 주고 있다.

쌍계석문, 일주문, 금강문, 천왕문으로 이어지는 길은 최치원이 말한 호중별천으로 들어가는 길이다. 쌍계사에 가면 자동차를 타고 주차장까지 곧장 가지 말고 쌍계석문 전에 차를 주차하고 네 개의 문을 걸어서 들어가는 것이 좋다. 호리병 속으로 들어가지 않고는 쌍계사의 아름다움을 볼 수도, 느낄 수도 없기 때문이다.

섬진강에 뛰노는 물고기

천왕문을 통과하면 구층석탑 뒤에 〈팔영루(八詠樓)〉 현판이 걸려 있는 독특한 이름의 누각이 나타난다. 사찰에서 루는 보제루처럼 2층 누각 형태로 지어진 건물로 보통 대웅전 등 주불전 앞에 있다. 1층은 기둥만 있고 2층이 강당 등으로 사용되고 있다. 쌍계사 팔영루는 진감선사가 840년(문성왕 2)에 세웠다. 진감선사가 섬진강에 뛰노는 물고기를 보고 불교음악인 범패(梵唄) '어산팔영(魚山八詠)' 8수를 작곡하였다고 하여 팔영루라 이름지었다고 한다.

범패는 절에서 재(齋)를 올릴 때 부르는 노래인데, 범음(梵音) 또는 어산(魚山)이라고도 한다. 진감선사대공영탑비에 진감선사와 범패에 대한 이야기가 나온다.

"(진감)선사는 범패를 잘하여 그 소리가 금이나 옥처럼 아름다웠다. 곡조 소리는 치우치듯 날듯 경쾌하면서도 애잔하여 전인(傳人)들이 듣고 기뻐할 만하다. 소리가 먼 데까지 전해져서 그 절이 배우려는 사람들로 가득 찼으나 싫은 내색 없이 이들을 가르쳤다. 오늘날 우리나라에 어산의 오묘함을 배우려는 사람들이 앞을 다투어 콧소리를 흉내 내어 옥천사(玉泉寺)에 전해 온 소리에 영향을 주고 있으니 이 어찌 소리로 중생을 제도하는 덕화가 아니겠는가."

쌍계사 구층석탑(앞)과 팔영루(뒤)

요즘 대중가요를 누구나 흥얼거리듯 하지는 않았겠지만 많은 사람들이 범패를 배우려고 쌍계사로 몰려들었다니 그 분위기를 어렴풋이 짐작해 볼 수 있겠다. 음악이 주는 힘일 것이다.

팔영루는 범패의 명인을 교육시켰던 교육장이었고, 쌍계사는 진감선사 이후 불교 음악의 명인을 많이 배출한 절이다. 또한 팔영루는 쌍계사 스님들의 요청으로 지역의 양반 선비들이 팔영루를 찬탄하는 시를 지은 곳이기도 했다. 이양래가 1856년에 팔영루에 대한 감회를 적고, 1861년에 쌍계사 팔경을 지었다.

구층석탑은 고산스님이 월정사 팔각구층석탑과 유사한 형식으로 1990년에 조성하였다. 팔각구층석탑에 인도에서 가져온 석가모니 부처님 진신사리 3과와 국사암 후불탱화에서 출현한 부처님 진신사리 2과, 전단나무 불상 일존을 봉안하였다.

팔영루 뒤에는 주불전인 대웅전이 있는데 두 전각 사이에 850년 입적한 진감선사의 삶과 업적을 기록한 진감선사대공영탑비가 있다. 최치원이 왕명에 따라 글을 짓고 글씨도 직접 썼다. 이 탑비는 최치원이 남긴 네 개의 사산비명 중 하나로 쌍계사에서 유일하게 국가문화유산 국보로 지정되었다. 최치원이 비문을 해서체로 썼는데, 최남선은 '구양순의 골격에 안진경의 살을 붙인 글씨'라 평가했다. 내용도 글씨도 역사적 가치도 국보급이라고 보아도 무리가 없다.

사찰에서 탑비는 별도의 공간이나 입구 등에 배치하는데 이 탑비는 대웅전 앞에 있어 탑의 주인공인 진감선사의 위상을 짐작게 한다. 탑비에는 진감선사의 선조에 대한 내용, 부친의 수행 성품, 어머니의 태몽, 가정 형편, 수행 과정, 생김새와 용모, 당시 왕들과의 일화, 전법 활동과 의미, 법력과 성품, 범패 등이 기록되어 있다.

진감선사(774~850)는 30세 때인 804년(애장왕 5)에 당나라 창주로 가서 신감대사를 은사로 모시고 출가하였다. 810년(헌덕왕 2) 숭산의 소림사에서 구족계를 받고, 종남산에 들어가 지관(止觀)을 닦았다. 56세 때인 830년(흥덕왕 5) 신라에 돌아와 경상북도 상주 장백사(현 칠장사)에 머물다 지리산으로 들어와 삼법스님이 지은 절터에 육조영당을 비롯한 전각을 짓고 옥천사라고 절 이름을 지었다.

838년(민애왕 1)에 민애왕이 진감선사에게 혜조(慧照)라는 법호를 내려 주었는데, 소성왕의 이름을 피해 조를 소(昭)로 고쳐 혜소(慧昭)라 불렀다. 진감선사가 입적한 후 헌강왕은 옥천사란 절 이름을 쌍계사로 바꾸고, 시호를 '진감선사(眞鑑禪師)', 탑명을 '대공영탑(大空靈塔)'이라 내리고, 탑비를 세우도록 하였다. 그래서 탑비의 이름이 '진감선사대공영탑비'가 되었다. 헌강왕은 탑비가 완성되기 전에 죽어 887년(진성여왕 원년)에 완성된 탑비는 보지 못했다.

최근 『지리산 쌍계사 진감선사대공영탑비 강의』를 쓴 덕민스님의 평에 따르면 진감선사의 "성품은 질박함을 흐트러트리지 않았고, 말씀은 기교를 부리지 않았으며, 옷은 남루한 베옷도 따뜻하게 여겼고, 음식은 쌀겨나 보리싸라기라도 달게 드셨다."고 한다.

또한 진감선사는 "조계지현손(曹溪之玄孫)", 즉 조계 육조 혜능스님의 현손으로 혜능스님의 법을 이었다고 최치원이 비문에서 밝히고 있다. 쌍계사 개산조 삼법스님의 육조 혜능스님에 대한 존경과 가르침을 이어받으려는 간절한 마음이 진감선사로 이어지고 있는 것이다. 일주문 뒤쪽에 걸려 있는 〈선종대가람〉 현판은 이런 사정을 반영한 것으로 보인다.

쌍계사 진감선사대공영탑비 귀부(앞)와 대웅전(뒤)

진감선사대공영탑비는 진감선사가 입적한 지 37년 만에 세워졌다. 진감선사가 생전에 자신의 탑비와 승탑을 남기지 말 것을 부탁하였기 때문이라고 한다. 그런 연유로 법손과 문도들이 탑비와 승탑을 세우지 못했지만 탑비 건립 논의는 계속되었고, 결국 왕명에 의해 세워시게 뇌었다. 입적한 지 30여 년이 넘는 시간이 흘렀는데도 문도들에게 탑비

지리산은 절을 품고 절은 지리산을 담다

건립이 논해질 정도로 진감선사가 통일 신라 말 불교 선종에 끼친 영향을 알수 있다.

시절인연이 되어야 볼 수 있는 것인가. 팔영루를 지나면 진감선사대공영탑비가 보이겠지 하면서 계단을 올라서니 탑비는 보이지 않고 귀부만 남아 있고 비신(몸돌)과 이수(머릿돌) 부분은 보이지 않았다. 옆에 있는 안내판을 보니 '해체 보수 및 보존 처리' 중이라고 했다. 아쉽지만 귀부 부분을 보며 2년 전에 보았던 탑신과 이수 부분을 떠올려 보았다.

흥덕왕, 민애왕, 문성왕, 헌강왕, 정강왕 등 신라 다섯 임금의 스승으로 존경받았던 진감선사의 모습은 육조영당(육조정상탑전)과 팔영루에 짙게 남아 있다. 진감선사대공영탑비는 그를 존경하고 가르침을 이어 받으려는 후인들이 그를 기리는 비이다. 팔영루 기둥에 기대서서 탑비를 보며 수행자의 모습이 어떠해야 하는지를 떠올려 보았다.

진감선사대공영탑비 뒤에는 쌍계사의 주불전인 대웅전이 있다. 대웅전은 진감선사가 쌍계사를 창건하던 840년(문성왕 2)에 처음 지었다. 대웅전 안에는 석가여래삼불 및 사보살이 봉안되어 있다. 맨 중앙의 석가모니불 좌우에 약사불과 아미타불이 있다. 석가모니불과 약사불 사이에 문수보살, 약사불 왼쪽에 일광보살을 배치했다. 석가모니불과 아미타불 사이에 보현보살, 아미타불 오른쪽에 관세음보살을 배치했다. 이 칠존불은 청한스님 등 11명의 조각승이 제작하였다. 석가모니불은 옷차림 형식이 17세기 불상의 전형적인 양식으로, 뛰어난 작품성을 지닌 불상으로 평가되고 있다.

쌍계사 대웅전 석가여래삼불좌상 및 사보살입상

쌍계사 화엄전 비로자나불상 | 불상 좌우 공간에 대장경 목판이 보관되어 있다.

지리산은 절을 품고 절은 지리산을 담다

대웅전 뒤쪽으로 화엄전이 있다. 화엄전 안에는 〈선원제전집도서〉 목판과 대장경이 보관되어 있다. 〈선원제전집도서〉는 당나라 규봉스님이 자신이 쓴 불교 교리집인 〈선원제전집〉에서 요점만 간추려 정리한 책이다. 쌍계사 〈선원제전집도서〉 목판은 1603년(선조 36) 쌍계사 말사인 능인암에서 판각한 후 쌍계사에 보관하고 있다. 이외에도 화엄전에는 1604년(선조 37)에 판각한 〈원돈성불론〉 등 총 1743개의 목판이 보관되어 있다. 쌍계사는 해인사 다음으로 많은 대장경 목판을 보유하고 있다.

한겨울 눈 속에도 칡꽃이 피었네

쌍계사의 대웅전 영역에 있는 팔영루에서 왼쪽 언덕을 오르면 금당 영역이 나온다. 금당 영역을 가려면 옥천교를 건너 계단을 올라가 돈오문을 통과해야 한다. 옥천교는 진감선사가 쌍계사를 창건하고 지은 사찰 이름인 옥천사에서 이름을 빌려 온 것 같다. 두 줄기의 계곡물이 흘러 왕이 쌍계사라고 이름을 새로 내렸지만, 진감선사는 두 계곡에서 흐르는 물이 옥같이 맑아 옥천사라고 사찰 이름을 지은 것이 아닐까 싶다. 사찰 이름은 바뀌었지만 옥천사란 이름은 옥천교에 지워지지 않는 이름으로 남아 있다.

옥천교를 건너 가파른 계단을 오르면 돈오문(頓悟門)이 있다. 돈오는 단박에 깨닫는 수행 방법을 말한다. 이와 대비되는 것으로 점진적인 깨달음을 가리키는 점오(漸悟)가 있다. 돈오는 인간의 마음속에 내재한 불성(佛性)을 자각할 수 있다면 점진적인 과정을 거치지 않고 단번에 깨달음에 이를 수 있다는 것이다. 돈오는 점오와 논쟁을 거쳐 육조 혜능스님에 이르러 선종의 핵심적인 방법론으로 자리매김하였다.

쌍계사 옥천교(앞)와 돈오문(뒤)

돈오는 다시 돈오돈수(頓悟頓修)와 돈오점수(頓悟漸修)로 나누어 수행방법론을 두고 논쟁하였다. 돈오돈수는 '단번에 깨닫고 단번에 수행한다'는 뜻으로 단번에 깨달아 완전한 상태에 도달했기 때문에 더 이상의 수행이 필요하지 않다는 것이다. 반면 돈오점수는 '단번에 깨달은

지리산은 절을 품고 절은 지리산을 담다

뒤 점진적으로 수행하여 완성에 이르도록 해야 한다'는 의미로, 한순간의 깨달음은 완전한 깨달음이 아니라 깨달음의 체험일 뿐이므로 점진적인 수행을 통해 불완전한 깨달음을 보완해야 한다는 것이다. 돈오돈수와 돈오점수라는 수행방법론을 두고 진행되는 논쟁도 여전히 진행 중이다. 쌍계사 돈오문은 두 논쟁을 넘어 어설프게 깨우쳤다고 자만하지 말고 진정한 깨달음을 얻을 때까지 끊임없이 수행하고 참선해야 한다는 것을 강조한 것이 아닐까 싶다.

돈오문을 통과하면 청학루, 팔상전이 나오고 그 위에 금당 영역의 중심 불전인 금당이 나온다. 금당 좌우에 선승들이 참선하는 선방인 동방장과 서방장이 있다. 금당은 대웅전이나 대적광전 등으로 법당 이름을 구체적으로 부르기 전에 부처님을 봉안한 법당을 일컫던 이름이다.

쌍계사 금당은 '육조정상탑전(六祖頂相塔殿)'이라는 독특한 이름으로도 부른다. 육조정상탑전은 중국 불교 선종 육조 혜능스님(638~713)의 정상(頂相), 즉 두개골을 봉안하고 있다고 하여 붙여진 이름이다. 금당이 '육조정상탑전'이란 이름을 갖게 된 유래는 다음과 같다.

육조정상탑전은 쌍계사를 개산한 삼법스님에서 시작되었다. 삼법스님은 722년 중국 당나라에 가서 혜능스님의 정상을 가져왔는데 도난을 우려해 돌로 만든 함, 즉 석감(石龕)에 넣어 봉안하였다. 그리고 그 아래에 절을 짓고 수행하였다. 그 후 840년(문성왕 2)에 진감선사가 절을 중창하고 옥천사라고 이름 지었다. 이때 새로 지은 전각에 정상을 봉안하고, 그 전각 이름을 육조영당(六祖影堂)이라 불렀다. 육조 혜능스님의 정상이 봉안된 전각이란 뜻이다.

쌍계사 육조정상탑전

1800년대에 용담스님이 쌍계사 주변에 있던 목압사(木鴨寺) 터의 7층석탑을 육조영당 안으로 옮겨와 육조의 정상을 보관한 석감 위에 세웠다. 그 후로 7층석탑이 육조영당 안에 있고 탑 아래에 육조의 정상을 봉안하고 있다는 의미로 7층석탑을 '육조정상탑(六祖頂相塔)'이라 불렀다. 육조영당 안에 육조정상탑이 자리하면서 육조영당도 자연스럽게 육조정상탑이 있는 전각이란 의미로 '육조정상탑전(六祖頂相塔殿)'으로 부르게 되었다. 육조의 정상과 납이 전각 안으로 들어오면서 당(堂)이 전(殿)으로 승격되었다.

지리산은 절을 품고 절은 지리산을 담다

그런데 고개가 갸우뚱해진다. 육조정상탑전이 육조 혜능스님의 정상, 즉 두개골을 모신 전각이란 문자적 의미는 이해가 간다. 그런데 사리라면 몰라도 혜능스님의 두개골 자체를 가져와 봉안했다는 것이 역사적 사실일까라는 의문은 여전히 남는다.

혜능스님의 제자들은 입적한 혜능스님을 다비하지 않고 마포로 감싸고 옻칠을 해 살아 있을 때 모습 그대로 즉 등신불로 보존하고, 머리가 도난당하지 않도록 목과 머리 부분에 특별히 철을 덧댔다고 한다. 이렇게 보존처리한 혜능스님은 중국 광동성 남화선사(南華禪寺) 육조전 안에 봉안되어 있는데, 아직까지 전신이 유실되지 않고 그대로 있다고 한다. 그렇다면 정상, 즉 두개골이 두 개가 아닌 이상 육조정상탑전에 정상이 있을 수는 없다. 그럼 이 이야기는 어떻게 생긴 것일까.

삼법스님은 당시 중국 당나라에서 크게 선풍을 일으키고 있던 육조 혜능스님을 흠모해 그를 찾아가 가르침을 받고자 했다. 하지만 뜻을 이루기 전에 혜능스님이 713년 입적했다는 소식을 듣고 애통해한다. 그 후 규창이라는 스님으로부터 혜능스님의 설법 내용을 담은 『육조대사법보단경(六祖大師法寶壇經, 줄여서 흔히 육조단경이라 부른다.)』을 받아 읽고 큰 감동을 받는다.

삼법스님은 『육조단경』을 읽다가 '내가 입적한 뒤 5~6년 후 나의 머리를 취하는 사람이 있을 것이다'라는 내용을 보고 '(혜능스님의 머리를) 다른 사람이 가져가기 전에 내가 먼저 가져와 (신라에) 봉안하여 만대의 복전이 되게 하리라'고 마음먹는다. 마음을 먹었으니 이제 실행에 옮길 일만 남았다. 그런데 중국 당나라에 가서 혜능스님의 정상을 가져오려면 많은 자금이 필요했다. 그래서 김유신의 부인인 지소부인이 김유신이 죽은 후 비구니가 된 영묘사의 법정스님에게 자기의 뜻을 밝히고 2만금을 희사받았다.

삼법스님은 722년 5월 중국 당나라에 가서 통일 신라 백률사의 스님으로 당나라 개원사에 머물고 있던 대비스님과 뜻을 합쳤다. 두 스님은 개원사에 있던 중국인 장정만에게 2만금을 주었고, 그의 도움으로 보림사(후에 남화선사로 이름이 바뀌었다.)에 있던 혜능스님의 두개골을 가져오는 데 성공했다. 그해 11월 귀국해 영묘사에 정상을 모시고 예불을 올리는데, 꿈에 한 노승이 나타나 정상을 지리산 아래 '눈 속에 칡꽃이 핀 곳[설리갈화처(雪裏葛花處)]'에 봉안하라고 일러 주었다.

삼법스님은 대비스님과 함께 노승이 지시한 곳을 찾아 돌로 만든 함에 넣어 땅속에 묻고, 그 앞에서 수행하였다. 후에 진감선사가 절을 창건할 때 정상을 묻었던 곳에 육조영당을 짓고 정상을 봉안하였다는 것이다. 이 이야기는 고려 때 각훈스님이 남긴 〈선종육조혜능대사정상동래연기(禪宗六祖慧能大師頂相東來緣起)〉의 내용에 근거한 것이다.

육조 혜능스님 정상을 탈취해 봉안했다는 내용은 쌍계사 대웅전 앞 〈진감선사대공탑비〉의 비문에도 나온다. 각훈스님은 이 비문에 있는 내용과 전해 오는 이야기를 모아 있을 법한 이야기로 만든 것으로 보인다. 이렇게 육조의 정상이 통일 신라로 님어온 연기 설화[동래연기(東來緣起)]가 만들어진 것이다.

쌍계사 육조정상탑전 안 육조정상탑

　이러한 연기설화에 대해 학자들의 연구는 역사적 사실이 아니라고 결론을 내린다. 삼법스님이 중국 당나라에 가기 전에 대비스님이 중국인 장정만과 함께 혜능스님의 머리를 탈취하려다 붙잡혀 미수에 그쳤다. 이러한 사실은 중국측 문헌에도 기록으로 남아 있어 역사적 사실과 부합한다고 본다. 그런데 각훈스님은 대비스님의 1차 시도가 실패로 돌아간 이후에 삼법스님이 중국에 가서 대비스님과 뜻을 합쳐 장정만의 도움으로 다시 시도하여 혜능스님의 두개골을 탈취하는 데 성공했다고 각색했다는 것이다.

　육조정상탑전은 1974년 공식적으로 '하동 쌍계사 육조정상탑전(六

祖頂相塔殿)'이란 이름으로 경상남도 유형문화유산으로 지정되었다. 그리고 육조정상탑전은 무슨 연유인지는 몰라도 언젠가부터 금당으로도 부르고 육조정상탑전 중앙에 〈금당(金堂)〉 현판을 걸어 놓았다. 〈금당〉 현판의 왼쪽에 걸려 있는 추사 김정희가 쓴 〈육조정상탑(六祖頂相塔)〉 현판은 금당 안에 육조정상탑, 즉 육조의 두개골을 봉안한 탑이 있음을 나타내고 있다. 그래서 '하동 쌍계사 육조정상탑전'은 일반적으로 육조정상탑전 또는 금당으로 혼용하여 부르고 있다. 공식적인 명칭은 육조정상탑전이고 문패는 금당으로 걸어 놓은 것이다.

중국 선종은 달마대사를 시조로 하여 2조 혜가, 3조 승찬, 4조 도신, 5조 홍인, 6조 혜능으로 이어지면서 꽃을 피우게 된다. 중국 남쪽 광동성에 머물며 수행한 혜능스님의 문하에서 걸출한 선승들이 배출되면서 남종선이 꽃피우게 되고, 그 영향은 통일 신라 이후 우리나라 불교에 지대한 영향을 끼쳤다. 〈금당〉 오른쪽에 걸려 있는 추사 김정희가 쓴 〈세계일화조종육엽(世界一花祖宗六葉)〉 현판은 이 같은 선종의 역사를 담은 표현이다. 세계는 한 송이 꽃이라는 '세계일화'는 너와 내가 둘이 아니니 분별하지 말라는 불법의 요체를 나타낸 것으로, 이런 불법이 초조 달마에서 육조 혜능까지 이어졌다는 뜻이다.

금당에 걸어 놓은 주련은 육조 혜능스님의 게송이다.

깨달음에는 본래 나무가 없고
밝은 거울 역시 받침대가 없다네

본래부터 한 물건도 없는데
어디에 티끌이 낄 것인가

菩提本無樹(보리본무수)
明鏡亦非臺(명경역비대)
本來無一物(본래무일물)
何處惹塵埃(하처야진애)

　이 게송은 5조 홍인스님이 자기의 법을 이어받을 만한 사람을 찾기 위해 대중들에게 게송을 지으라고 했을 때 그의 수제자 신수스님이 지은 게송을 보고 육조 혜능스님이 지은 게송이다. 혜능스님은 신수스님의 게송 "몸은 보리의 나무요/ 마음은 밝은 거울과 같네/ 때때로 부지런히 닦아/ 먼지가 끼지 않게 하리 [신시보리수/ 심여명경대/ 시시근불식/ 물사야진애 // (身是菩提樹/ 心如明鏡臺/ 時時勤拂拭/ 勿使惹塵埃)]"를 반박하는 입장에서 지은 것이다.

　혜능스님의 게송은 우리의 마음자리인 불성이 본래 청정하고 닦을 것이 없이 부처의 지혜와 덕성을 모두 갖추고 있으니 우리가 본래 부처임을 단번에 깨달으면 된다는 것이다. 그래서 신수스님이 지은 게송처럼 시시때때로 닦고 털고 할 필요가 없다는 주장이다. 우리의 본래 마음자리는 티끌 번뇌에 오염되지 않는다는 것을 읊은 것이다. 수행의 경지가 깊어야 깨달아지는 것을 말로 표현하려니 어렵다.

추사 김정희는 백파스님과 치열한 선 논쟁을 벌일 정도로 불교에 해박한 지식을 갖고 있었다. 그런 추사 김정희가 쓴 〈육조정상탑〉과 〈세계일화조종육엽〉 현판을 금당에 걸어 놓음으로써 '육조정상탑전'은 명실상부한 이름을 갖게 되고, 공식적인 이름으로도 쓰이게 되었다.

결국 쌍계사 육조정상탑전 유래에 관한 이야기는 삼법스님, 진감선사로 이어지며 전해 오다 고려 시대 각훈스님의 〈선종육조혜능대사정상동래연기〉로 스토리텔링이 되며 사실처럼 전해져 오게 되었다. 이 이야기는 조선 시대로 이어지다 조선 후기 용담스님이 7층석탑을 육조영당 안으로 들여오면서 지금의 '하동 쌍계사 육조정상탑전'이라는 이름을 얻게 되었다.

역사적 사실과 상상이 버무려져 만들어진 육조정상탑전 이야기는

쌍계사 서방장 내부

지리산은 절을 품고 절은 지리산을 담다

우리나라 선승들에게 혜능스님이 차지하는 위상을 짐작게 한다. 이 이야기의 탄생에는 통일 신라 이후 혜능스님에 대한 존경심이 밑바탕이 되었고, 실제로 혜능스님은 지금까지 우리나라 선불교에 큰 영향을 끼쳤다. 이러한 선의 정통성에 대한 자부심과 선불교 역사가 육조정상탑전 속에 들어 있는 것이다.

지금 육조정상탑전 좌우에는 동방장(東方丈)과 서방장(西方丈) 전각이 있다. 이 두 전각은 선승들이 참선 수행하는 선방이다. 두 선방은 수많은 고승들이 정진하던 곳이다. 특히 서방장은 한 철만 제대로 수행하면 깨달음을 얻을 수 있다고 알려질 만큼 뛰어난 수행처로 알려져 있다. 이렇게 역사적 사실 여부를 떠나 육조정상탑전 이야기는 두 선방의 선승들을 수행 정진하게 하는 이정표이자 상징적인 공간이 되었을 것이다.

육조정상탑전 마루에 앉아 있으니 한겨울 눈이라도 금방 녹일 듯한 따뜻한 햇살이 쏟아져 내린다. 앞에 펼쳐진 지리산은 두 팔을 벌려 육조정상탑전을 감싸고 있는 듯했다. 과연 길상처였다. 육조정상탑전에 갔을 때 인천에서 많은 불자들이 성지순례를 와서 참배하고 사진을 찍으며 육조정상탑전에 대해 이야기를 나누고 있었다. 나도 그중의 한 명이다. 1,300여 년에 걸쳐 끊임없이 이어져 오는 육조정상탑전 이야기는 앞으로도 계속되지 않을까 싶다.

돈오문을 나와 계단을 내려가 옥천교 앞에 이르니 다리 기둥에 "나쁜 것과 바른 것은 마음이 만든 것/ 그 기묘함이 불가사의하네[사정심

작용/ 기묘불사의 // (邪正心作用/ 奇妙不思議)]"라는 글씨가 새겨져 있다. 모든 것은 마음이 만들어 내는 것이라는 뜻쯤 되겠다. 나쁜 마음을 품으면 나쁜 말과 행동으로, 바른 마음을 품으면 바른 말과 행동으로 나타나니 마음을 잘 쓰라는 것이다. 육조 혜능스님의 정상을 가져와 육조정상탑전에 봉안한 것도 마음을 다스리기 위한 것은 아니었을까. 『금강경』에서 수보리가 부처님에게 최상의 깨달음을 얻기 위해 "어떻게 그 마음을 다스려야 합니까 [운하항복기심(云何降伏其心)]"라고 물은 것도 이와 다르지 않을까 싶다.

차나 한 잔 드시게

우리나라에 차가 처음 재배되기 시작한 시기는 당나라에 사신으로 갔던 대렴이 차나무 씨앗을 가져와 지리산 자락에 심은 828년(신라 흥덕왕 3)이다. 쌍계사 쌍계석문 가기 직전 오른쪽에 차나무 밭이 있는데, 이곳이 우리나라 최초의 차 시배지로 전한다. 830년 쌍계사를 창건한 진감선사가 시배지 차를 쌍계사 주변에 번식시켰다고 한다.

고려 시대와 조선 시대에는 시배지에서 생산되는 차를 왕실에 올릴 정도로 최고의 차라는 명성을 얻었다. 다성이라 부르는 초의선사는 시배지 차의 풍모와 자태가 신선 같고 고결하다고 격찬했다. 초의선사와 평생지기였던 추사 김정희는 시배지 차를 중국 최고의 차로 알려진 승설차보다 낫다고 평했다.

일제 강점기를 거치며 사라지던 시배지 차의 명맥은 고산스님에 의해 복원되었다. 고산스님은 1975년 쌍계사 주지로 부임하여 지금의 화개면 운수리 산 127, 127-4번지가 차 시배지임을 확인하고, 시배지 차 종자를 화개면 일대에 번식시켰다.

대렴이 중국에서 차 씨앗을 가져와 지리산 일대에 심은 지 천여 년 후인 1828년 한국의 다도를 중흥하고 다성으로 알려진 초의선사가 칠불사 아자방에서 참선 수행하고 있었다. 그는 참선하는 여가에 틈틈이 『만보전서(萬寶全書)』에서 『다신전(茶神傳)』을 초록하였는데 이는 훗날 그가 쓴 『동다송(東茶頌)』의 기초가 되었다.

쌍계사 차 시배지 표지석

이렇게 칠불사는 한국 차 중흥의 산실이 되었고, 칠불사 사부대중은 이를 기리기 위해 1984년 칠불사 일주문 주차장 아래쪽에 초의선사다신탑비를 세웠다. 탑비에는 제월 통광스님이 짓고 여초 김응현이 쓴 "옥보대(玉寶臺) 아래 아자방이여 다도의 성지 화개동이여 (중략) 반야봉 흰 구름 섬진강 푸른 물결 초의선사 다신선풍(茶神禪風) 길이길이 진작되어 온누리 불국정토 맑은 향기 농울지리"라는 아름다운 비문이 새겨져 있다.

　칠불사에서 가까운 쌍계사 차 시배지에는 이를 함께 기려 다도를 중흥시킨 〈초의 만허 고산 추념비〉를 세워 놓았다. 또한 〈신라 견당사 대렴공 차시배 추원비〉와 〈신라 다성 원조 진감국사 추앙비〉를 세워 진감, 초의, 만허, 고산으로 이어지는 다맥을 복원하였다. 차 시배지의 세 비는 칠불사 초의선사다신탑비와 함께 칠불사와 쌍계사가 다도의 성지임을 나타내는 표지석이 되었다.

하동 쌍계사 국사암

나무 한 그루가 숲을 이루었네

쌍계사 금당 입구에 있는 돈오문에서 오른쪽으로 700여 미터를 오르면 쌍계사 산내 암자인 국사암이 나온다. 국사암은 원래 쌍계사를 창건한 진감선사가 중국 유학을 마치고 돌아와 수행하던 보월암이었다. 보월암에 머물던 진감선사는 여러 차례 왕의 부름에도 나아가지 않았다고 한다. 하지만 민애왕은 그를 국사로 봉하였다. 그래서 보월암이 국사암(國師庵)으로 이름이 바뀌었다. 진감선사 호칭도 진감국사라고 격을 높여 부르게 되었다. 진감국사가 있는 국사암으로 수행자들이 몰려오자 그 아래쪽에 옥천사란 이름으로 보다 더 큰 사찰을 지었다. 헌강왕이 옥천사 산문 밖에 두 시내가 만나 흐르니 '쌍계사'라는 사찰 이름을 내렸다. 그 이름이 지금에 이르고 있다. 그러니까 지금의 쌍계사의 시원이 된 곳이 국사암이다.

국사암에 들어가는 문 입구에는 네 줄기로 자란 느티나무 고목이 있다. 네 가지가 하늘을 향해 각각 뻗어 사천왕수로 부른다. 진감선사가 짚고 다니던 지팡이를 꽂아 두었더니 싹이 나고 뿌리가 자라 지금의 거목으로 자랐다고 한다. 사천왕수 뒤에 있는 작은 문을 열고 들어가면 〈국사암〉 현판이 걸려 있는 ㄷ자 모양의 인법당이 나온다. 인법당은 ㄷ자 모양의 세 전각이 붙어 있다. 가운데 국사암 법당을 중심으로 오른쪽에 칠성각과 명부전, 왼쪽에 옹호문과 염화실이 차례로 있다.

쌍계사 국사암 사천왕수

법당 안에는 아미타불과 그 뒤에 후불탱화가 봉안되어 있다. 아미타

지리산은 절을 품고 절은 지리산을 담다

불 좌우에 사자를 탄 문수동자와 코끼리를 탄 보현동자를 봉안했다. 아미타불 뒤에 후불탱화가 있는 곳에서 사리 2과가 발견되었다. 이 사리는 고산스님이 스리랑카에서 가져온 부처님 진신사리 3과와 함께 쌍계사 팔영루 아래에 있는 팔각구층석탑에 봉안되었다.

쌍계사 국사암

아미타후불탱은 비단 바탕에 붉은 안료를 바르고 금선의 느낌을 주는 황색선으로 인물을 묘사한 선묘불화다. 맨 위 중앙에 아미타불이 연화대에 앉아 있고, 그 아래쪽 좌우에는 팔대보살이 있다. 그 위쪽에는 십대제자가 좌우측에 각각 5구씩 배치되어 있다. 상단 천공에는 합장형의 분신불이 좌우에 각각 4구씩 있다. 이 탱화는 불모 함식이 1781

년에 그렸다. 후불탱화 진본은 지금 성보박물관에 보관하고 있다.

인법당 뒤에는 국사암 주불전인 문수전이 있다. 문수보살과 보현보살을 좌우에 봉안하고, 두 보살 좌우에 문수동자와 보현동자를 협시로 봉안하였다. 문수전 뒤쪽 계단 위에는 산신각이 있다.

국사암을 보고 다시 작은 문을 나와 사천왕수를 보았다. 1,200여 년의 세월 동안 그 나무는 그 자리에서 선정에 든 진감선사처럼 서 있다. 진감선사가 왕의 부름에도 나아가지 않은 이유도 국사라는 이름의 명예보다 선과 범패를 가르치는 것이 더 중요하다고 여긴 것이 아니었을까. 지금 쌍계사는 네 개의 원 즉 선원, 강원, 율원, 염불원을 갖춘 총림 사찰로 성장했다. 진감선사가 꽂아 놓은 지팡이에서 뿌리내린 사천왕수는 어쩌면 총림사찰 쌍계사를 상징하는 것처럼 보였다. 그가 심은 나무 한 그루가 쌍계총림이라는 거대한 숲을 만들었다.

지리산은 절을 품고 절은 지리산을 담다

하동 칠불사

연못에 비친 그림자는 누구?

시절인연이 닿아야 하는가. 하동 쌍계사에서 지리산 계곡으로 난 길을 10km 정도만 가면 있는 절인데 여러 번 쌍계사를 갔을 때 이웃해 있는 칠불사는 마음에 없었다. 그런데 지리산이 품은 절을 찾다가 칠불사가 마음에 혹 들어왔다. 마침 아자방을 2024년 부처님 오신 날까지만 한시적으로 공개한다는 소식이 마음을 다급하게 만들었다.

쌍계사에서 칠불사를 가려면 지리산 속으로 더 깊이 들어가야 한다. 칠불사까지 도로 포장이 잘 되어 있어 승용차로 10여 분이면 갈 수 있다. 산은 더 깊이 들어가고 더 높이 올라가야 비경을 만나고 색다른 체험을 할 수 있다. 화개장터에서 쌍계사까지의 십리벚꽃길처럼은 아니더라도 벚나무가 길가에 많이 있어 벚꽃을 여유 있게 감상하기에는 더 좋을지도 모르겠다.

하동 칠불사는 지리산 반야봉(1,732m) 남쪽, 토끼봉의 해발고도 830m 지점에 있는 천년고찰이다. 지리산에서 가장 높은 봉우리는 천왕봉이지만 주봉은 반야봉이다. 불교에서 반야는 지혜를 말한다. 반야는 '지혜'를 뜻하는 팔리어 빤야(paññā)를 음차한 것이다. 그러니까 반야봉은 지혜의 봉우리인 셈이다.

또한 지리산은 불교적 관점에서 문수보살이 상주하는 문수성지로 불린다. 이렇게 보면 칠불사는 문수성지 지리산, 그중에서도 지혜의 반야봉이 품은 도량이다. 그래서인지 칠불사는 대웅전 외에 불보살을 봉안한 전각으로 문수전만 있다. 칠불사가 문수보살을 주존으로 모시는 지혜의 절임을 알 수 있다.

다른 절과 같이 칠불사에도 전해 오는 연기 설화가 있다. 그중 가장 많이 알려진 것이 가야국 7왕자 성불설이다. 삼국이 고대 국가로 발전할 무렵 낙동강 유역에서도 가락국이 터를 잡았다. 김수로왕이 인도 아유타국 공주 허황옥(허황후)과 혼인하여 10남 2녀의 자녀를 낳았다. 장남은 왕위를 계승했고 둘째와 셋째 왕자는 어머니 허황옥의 성을 이어받아 김해 허씨의 시조가 됐다.

나머지 일곱 왕자는 외삼촌인 장유화상을 따라 지리산 반야봉 아래에 암자 운상원(雲上院)을 짓고 6년을 수행 정진한 끝에 103년 8월 보름날 밤에 모두 성불하여 하동칠불(河東七佛)이 되었다. 그래서 그들이 수행하던 운상원을 칠불암으로 이름 지었고, 칠불암이 지금의 칠불사가 되었다. 지금 칠불사 대웅전 뒤편 숲길 깊숙한 곳에 있는 선원 이름을 운상선원이라 이름 지은 것도 연기 설화에 근거한 것으로 보인다.

칠불사 대웅전 칠불탱

또한 대웅전 석가모니불 오른쪽 벽에 성불한 일곱 왕자를 형상화한 칠불탱을 봉안한 것도 연기 설화를 바탕으로 한 것으로 보인다. 칠불사 아래에 있는 범왕(凡王) 마을은 김수로왕 부부가 일곱 왕자를 만나기 위해 임시 궁궐을 짓고 머물렀다고 하여 붙여진 이름이라고 한다. 화개 대비(大妃) 마을도 허황후가 아들을 만나기 위해 머무른 곳이어서 이 이름이 붙여졌다고 전한다. 이러한 설화로 인해 칠불사는 가야 불교의 발상지로 알려져 있다.

칠불사에 도착하면 제일 먼저 보이는 곳이 주차장 아래에 있는 연못이다. 김수로왕 부부가 7왕자를 보고 싶어 왔지만 '아들이라 해도 출가한 몸이라 볼 수 없고, 꼭 보고 싶으면 절 아래에 연못을 만들어 보면 된다'고 거절하는 장유화상의 말에 따라 할 수 없이 연못을 만들어 들여다봤더니 거기에 일곱 왕자의 그림자가 나타났다고 한다. 그 후로 이 연못을 '영지(影池)'라 부르게 되었다고 전한다.

칠불사 영지

신리를 찾아 부모 곁을 떠나 지리산으로 들어갔고 마침내 성불하였기에 왕자들 입장에서는 바른 길을 간 것이지만 부모로서는 얼마나 애틋

했을까. 뜬금없이 불국사 석가탑 건립과 관련된 아사달과 아사녀의 애틋한 설화가 떠올랐다. 아사녀의 아사달에 대한 그리움과 김수로왕 부부의 아들들에 대한 그리움의 깊이는 어느 정도였을까. 두 설화는 깨달음에 이르는 여정이 그토록 어려운 길이라는 걸 말해 주는 듯하다.

7왕자는 왜 깊은 지리산 속으로 들어갔을까. 왕위를 이어받을 수 없는 위치에 있었기 때문에 이 길을 선택할 수밖에 없었을까. 인도에서 석가모니 부처님 재세 전후 숲속에서 진리를 찾아 수행하던 사문의 전통을 따라 자발적으로 선택한 길이었을까. 그들의 모습에서 석가모니 부처님의 가르침을 따라 출가한 아난을 비롯한 사촌들이 떠오른다. 진리를 찾아 떠나는 구도의 길은 전륜성왕이 되는 것에 비견되는 숭고한 결단이다.

칠불사는 불이문 역할을 하는 보설루 아래에 넓은 밭이 있다. 칠불사에 갔을 때 마침 스님과 거사가 배추를 심고 있었다. 인도에서 중국으로 불교가 전래된 후 당나라 때 백장 회해스님은 절에서 수행자들이 지켜야 할 생활 지침인 '백장청규(百丈淸規)'를 만들었다. 이 청규는 우리나라 불교에도 전해져 오고 있는데, 하루 일하지 않으면 하루 먹지 말라는 '일일부작 일일불식(一日不作 一日不食)'은 널리 알려진 청규 중하나다. 지금 칠불사 밭에서 일하는 스님은 참선과 노동을 병행하는 선농일치(禪農一致)의 수행자 생활을 하고 있는 것은 아닐까.

칠불사 연기 설화를 읽다 보면 가야 지역의 불교가 지리산까지 확산된 것을 설화 형식을 빌어 표현한 것으로 생각이 든다. 인근 화엄사가 있는 지역과 함께 이곳도 가야가 신라에 복속되며 신라 영토로 편입된 사실과도 연관이 있지 않을까 싶다. 또한 연기 설화를 통해 1,900여 년 전에 인도와 교류가 있었다는 점, 그 매개 역할을 한 것이 불교였다는 점도 알 수 있다. 인근에 있는 구례 연곡사와 화엄사가 인도 연기스님과 관련된 창건 설화가 있는 것과 무관치 않아 보인다.

십리벚꽃길과 함께 널리 알려진 쌍계사의 유명세에 가려져 덜 알려진 칠불사는 지금까지 선종 산문의 수행 가풍을 이어 오는 것처럼 보였다. 보설루에 걸어 놓은 〈동국제일선원〉 현판은 그런 자부심과 의지를 보여 주는 상징이 아닐까. 칠불사 연기 설화와 도량에서 농사짓는 스님의 모습에서 우리나라에 불교가 들어온 이래 면면히 이어져 오는 수행 정신을 보는 것 같았다. 영지 주위를 돌며 물에 비친 내 모습을 보았다. 1,900여 년 전 칠불사 영지에 비친 모습도 아마 김수로왕 부부의 모습이 아니었을까. 거울에 비친 모습에서 나를 제대로 보는 것이 깨달음일지 모른다.

천 년 구들에 한 번 앉아 보게나

칠불사에 전해 오는 이야기 중 세간에 널리 알려진 것이 '한번 불을 때면 온기가 100일 동안 유지된다'는 아자방에 관한 이야기이다. 아자방은 방고래를 아(亞) 자 모양으로 만들고 구들을 놓은 방을 말한다.

즉 방바닥을 위에서 내려다 보면 버금 '아(亞)' 자 모양인 방이다. 직사각형으로 이루어진 방바닥의 네 귀퉁이 부분을 50cm 정도 높게 만들고 칸막이를 세워서 참선하는 공간으로 만들고, 아래쪽 십자 모양의 바닥은 참선 중간에 쉬면서 경행을 하거나 통로로 사용했다고 한다.

칠불사 아자방 내부

모양이 특이해서이기도 했지만 아자방이 세상에 널리 알려지게 된데는 다른 이유가 있었다. 나뭇꾼이 여섯 지게 분량의 나무를 지게에 진 채로 부엌에 들어가 큰 아궁이에 불을 지피면 100일 정도 온기가 유지되었다고 한다. 정말 그랬을까 싶은데, 아궁이에 나무를 때고 난 후

숯이 되면 아궁이 문과 굴뚝을 닫아 온기를 보존하면 49일간 따뜻하고 100일간 온기가 유지되었다고 한다.

칠불사 아자방 아궁이

이런 비결은 어디에 있을까. 아자방 구들의 원리는 일단 불을 꺼트리지 않는 데 있다고 한다. 숯가마처럼 불을 꺼트리지 않고, 열기를 오래 잡아 두어 열기를 보존하는 기술이 적용되었다고 한다. 아자방 구조는 탁월한 과학성이 인정되어 1979년 세계건축협회에서 펴낸 세계건축사선에도 수복되어 있다.

아자방은 신라 효공왕(재위 897~912) 때 '구들 도사'였던 담공스님이

　　　　　　지리산은 절을 품고 절은 지리산을 담다

칠불사에 와서 만들었다고 전해 온다. 1949년 불에 탄 뒤 1982년 제월 통광스님이 대부분 복원했지만, 온돌 바닥은 복원이 되지 않았다. 그 뒤 3차례 국가유산청 등의 발굴 조사를 거쳐 지난 2015년부터 주지 도 응스님이 온돌 등을 옛 모습대로 복원하였다. 복원된 아자방은 2022년 12월 22일 국가문화유산으로 지정되었다.

아자방에서는 주로 선승들이 동안거와 하안거 때 면벽수행을 했다. 참선하던 선승들은 오래도록 앉아 눕지 않는 장좌불와(長坐不臥), 하 루 한 끼만 먹는 일종식(一種食), 묵언 세 가지를 지켰다고 한다. 묵언 은 절에서 수행하는 사람들 하면 떠오르는 규율일 정도로 알려져 있 다. 주지 도응스님은 아자방은 "방 왼쪽에 입 '구(口)' 자 모양의 큰 아궁 이(부엌 부분)가 있어 벙어리 '아(啞)' 자로 보이는데, 이는 아자방에서 수행하는 선승들이 묵언하며 올곧게 정진하라는 의미가 담긴 것"이라 고 말한다. 그럴듯한 말이다. 눕지 않고 하루에 한 끼만 먹고 묵언의 규 율을 지키며 용맹정진하던 스님들의 모습이 떠오른다.

아자방 위쪽에 있는 운상선원에서 참선하는 선승들이 16명 정도인 점을 고려하면 당시 아자방에서도 그 정도의 선승들이 참선했던 것으 로 보인다. 벽송·서산·부휴·초의스님 등 고승들이 이곳에서 수행했 다고 한다. 아자방에 무슨 기운이 있어 지키기가 쉽지 않은 세 가지 규 칙이 있는데도 스님들이 이곳에 왔을까. 칠불사 누리집에 이를 알 수 있는 설화가 소개되어 있다.

조선 시대 동안거 시작, 즉 결제 하루 전에 어린 사미승이 조실스님을 찾아와 아자방에 방부를 들여 달라고 부탁하자 너무 어리고 세 가지 규칙을 지키기 어렵다고 판단하여 거절하였다. 그러자 사미승이 "생사가 호흡하는 사이에 있다고 하는데 어찌 클 때까지 기다릴 수 있겠습니까?"라며 물러나지 않자 할 수 없이 허락하였다. 아자방이 좋은 기운이 있다지만 장좌불와를 하기가 어찌 쉽겠는가.

한밤중에 참선하는 대중들이 졸면 사미승이 뒤로 자빠져 쿵 소리를 내며 "생사의 괴로움이 아니라면 장좌불와, 일종식, 묵언하며 고생을 해야 하는가"라고 말했다. 이 말을 듣고 참선 수행하던 대중들이 졸음을 떨치고 정진하였다. 안거 해제 날 그 사미승이 "조실스님께서 방부를 허락하셔서서 한 철 공부 잘했습니다."라고 했다. 그 말이 끝나자 사미승은 온데간데없이 사라졌다. 그때야 비로소 대중 스님들은 그 사미승이 문수보살의 화현임을 알고 더욱 발심 정진했다고 한다.

정말 문수보살이 화현한 것일까. 이런 의문을 가질 법도 하지만, 이 있을 법한 이야기의 핵심은 화현 그 자체가 아닐지도 모른다. 늘 눕지 않고 좌선하며 화두를 참구하고, 하루 사시(오전 9시에서 11시 사이)에 한 끼만 먹고 말하지 않는 엄한 규칙을 지키며 애써서 공부하였기 때문에 아자방에서 많은 고승들이 나올 수 있었다. 문수보살 화현은 용맹정진했던 스님들이 스스로의 공부를 겸손하게 표현한 이야기가 아닐까 싶다.

또한 이지방의 온기가 유지되었다는 100일간은 안거 3개월과 거의 같은 기간이다. 불목하니가 힘들여 나무를 해와 아자방을 안거 기간 수행자가 용맹정진할 수 있도록 따뜻하게 해 주고 있는데 어찌 공부를 소홀히 할 수가 있었겠는가. 참선할 때 찾아오는 졸음은 수마라고 할 정도로 극복해야 할 번뇌다. 그 떨치기 어려운 번뇌를 이겨 내는 힘이 어디서 나왔겠는가. 오로지 발심 수행할 수 있도록 도와주는 인연들이 없이 어찌 가능하겠는가.

내 어릴 적 추억 하나. 추운 겨울이 오면 아버지는 늘 저녁에 생솔가지를 아궁이에 넣고 불을 때셨다. 방바닥이 식은 새벽에도 어김없이 일어나서서 아궁이에 불을 땠다. 그러면 우리는 따뜻해진 방에서 포근히 잠을 잘 수 있었다. 그 따뜻한 온기는 세상을 살 수 있게 하는 힘이었다. 아버지의 수고로움으로 따뜻한 방에서 등 따습게 잘 수 있었는데 어찌 공부를 소홀히 할 수 있었겠는가. 내가 잘나서 공부를 잘한 거 같지만 아버지를 비롯해 인연 있는 많은 사람들의 사랑과 관심이 없었다면 어찌 가능하겠는가.

아자방은 2024년 부처님 오신 날까지 한시적으로 개방하고 있다. 하루에 네 번 공개하고 스님이 설명하고 있다. 마침 관람 시간에 맞춰 온 불자들과 내부와 부엌을 보았다. 잘 정비된 내부는 선승들의 모습처럼 단순하면서도 정갈하다. 그때를 재현하기 위해서 아궁이에 불을 때고 있다. 따뜻한 온기를 느끼며 면벽 수행하던 선승들처럼 벽을 향해 앉아 잠시 입정에 들어 보았다.

아자방 안을 보고 나와 전각을 둘러보니 기둥에 주련이 걸려 있었다. 친절하게도 한자로 쓴 주련에 대한 해석을 한 안내판이 있어 그 내용을 이해할 수 있었다. 아자방 앞쪽에 걸려 있는 주련은 아자방을 축조한 담공스님의 공덕을 기리는 내용과 세 가지 엄한 규칙을 지키며 해야 하는 참선 수행에 대해 말하고 있다.

담공선사 빼어난 솜씨 멀리 당나라까지 알려졌고
금관가야에서 오시어 아자방을 축조하였네
정교한 공법 기이한 공적 엿볼 수 없으나
사람들로 하여금 천번 만번 생각게 하네
눕지 않고 한 끼 먹고 면벽하고 앉아
다그치는 참선 공부 서리발 같이 엄하네

曇空手藝遠聞唐(담공수예원문당)
來自金官築亞房(래자금관축아방)
巧制奇功窺不得(교제기공규부득)
令人千萬費商量(령인천만비상량)
不臥一食面壁坐(불와일식면벽좌)
鞭逼工夫似雪相(편핍공부사설상)

아자방 뒤쪽에도 주련이 걸려 있다.

천 길 벼랑 끝에 매달린 손 놓고 몸을 돌려야 하나니

지리산은 절을 품고 절은 지리산을 담다

중간에 이르러 사량분별 하려 들지 말거나
솔바람 가을 달은 바위에 비춰 어리고
고목에 꽃이 피니 영겁 밖의 향기로다.
훗날 나와 더불어 만나게 되면
임제의 선풍이 한바탕 나타나리

懸崖撒手飛身轉(현애살수비신전)
中間切莫擬思量(중간절막의사량)
松風秋月斑圓石(송풍추월반원석)
枯木花開劫外香(고목화개겁외향)
他年與我來相見(타년여아래상견)
臨濟狂風現一場(임제광풍현일장)

    현애살수(懸崖撒手)는 '절벽에서 손을 놓으라'는 말이다. 절벽에서
미끄러져 떨어지던 도중에 나무뿌리를 잡고 있는데 누군가 두 손을 놓
으라고 하면 놓을 수 있겠는가. 손을 놓지 못하는 사람은 아래를 쳐다
보지 못하므로 발 아래가 그야말로 천 길 낭떠러지에 매달려 있는 줄만
안다. 선가에서는 수행이 깊은 사람은 두 손을 놓는다고 한다. 매달려
있는 지점이 떨어져도 될 만큼 사실 지상에서 가까운 높이에 있는 걸
알고 있기 때문이다. 사량분별하기 때문에 두 손을 놓지 못하게 만든
다. 분별심을 버려야 해탈의 저 언덕에 도달할 수 있는데도 말이다. 그

런데 그런 경지를 터득하기가 말처럼 쉽겠는가.

천년 구들에서 장좌불와 면벽수행하던 수많은 수행승들이 이곳에서 각자의 근기와 수행력에 따라 깨달음을 얻었으리라. 아자방은 불성을 깨치려는 수행자들의 수행처이자 한국불교 선종의 천년의 역사가 응축되어 있는 곳이다. 칠불사에서는 2023년 동안거가 끝난 이후부터 모든 대중들이 오후 불식을 한다. 아마 아자방이 국가문화유산으로 지정된 것을 계기로 아자방에서 참선하던 수행 가풍을 이어 가려는 의미로 보인다.

사찰이 명필을 만날 때

칠불사는 6·25 한국 전쟁 때 전소된 후 1980년대 제월 통광스님이 새로 지어 지금의 모습을 갖추게 되었다. 제월 통광스님은 일주문의 〈지리산칠불사〉 현판을 써서 칠불사 중창의 주인공이 누구인지를 알게 했다. 제월 통광스님은 탄허스님의 전강 제자로 그의 강맥을 이어 각성스님, 무비스님과 함께 '탄허 3걸'로 칭송받았다.

일주문을 제외한 모든 전각의 현판과 주련은 여초 김응현(1927~2007)이 썼다. 제월 통광스님이 절을 새로 지으면서 당대 명필인 여초 김응현에게 글씨를 의뢰한 것으로 보인다.

여초 김응현은 당대 한국 서예계를 이끈 일중 김충현의 친동생이다.

그는 소전 손재형, 검여 유희강, 일중 김충현과 함께 한국 근현대 서예사의 4대가로 손꼽힌다. 여초 김응현은 '추사 이래 여초'라는 평가를 받을 만큼 독특한 서체를 썼다.

1999년 교통사고로 오른 손목에 골절상을 입었을 때 왼손으로 글씨를 썼다. 왼손으로 쓴 글씨들을 모아 2000년과 2001년 한국 및 중국에서 '좌수전(左手展)'을 열기도 했다. 회복 후에는 다시 오른손으로 글씨를 써 쌍수(雙手) 서예가로 이름을 날리기도 했다. 글씨를 부탁받으면 식사 중에도 손바닥이나 허공에 부탁받은 글씨를 쓰는 연습을 할 정도였다는 일화가 전해져 오고 있다.

그리고 고예(古隸)인 광개토대왕릉비를 평생 연구한 예서 작품을 써서 이 분야에 독보적인 존재가 되었다. 2003년에는 가로 6m, 세로 5.3m에 이르는 필생의 역작 광개토대왕비문을 완성했지만 이후 건강이 악화돼 붓을 들지 못했다.

그는 서예가로서의 바른 마음 자세는 '글씨를 쓸 때는 마음이 구속되어서는 안 되고 호탕하고 자유스러워야 하며 안정되어야 한다'고 했다. 또 '서예'의 '예'는 손끝의 잔재주나 기(技)가 절대 아니라면서 공자가 말한 '유어예(遊於藝)'의 '예'이기 때문이라고 했다. 즉 서예는 일종의 기예가 아니라는 것이다. 심수쌍창(心手雙暢), 심수상응(心手相應)해야 진솔하고 고졸한 글씨가 된다고 했다. 마음과 손이 서로 호응해야 즉 마음먹은 대로 손이 움직여야 글씨를 제대로 쓸 수 있다는 뜻이다.

김응현은 북위(北魏) 시대의 해서와 행서 등을 연구하였는데, 중국의 서예가들도 그의 작품을 보고 '서법(書法)의 정통적인 작품'이라고 찬양할 정도로 서예의 본고장인 중국에서도 인정한 서예가였다. 김응현은 자기의 호 '여초(如初)'에서 여(如)는 '같다'는 뜻 외에도 '간다'는 뜻이 있듯이 '여초'는 남들이 잘 가지 않는 길을 개척한다는 의미도 있다고 말했다. 자기의 호처럼 살겠다는 의지의 표현으로 보인다.

칠불사 〈동국제일선원〉 현판

칠불사 주차장에서 계단을 오르며 맨 먼저 만나는 전각이 누각인 보설루다. 회랑처럼 앞면이 매우 긴 보설루에는 여초 김응현이 쓴 〈동국제일선원〉 현판이 길리 있다. 칠불사가 참선 중심의 선송 도량임을 강조한 것으로 읽힌다. 높은 계단 아래에서 올려보아도 현판 글씨가 눈

지리산은 절을 품고 절은 지리산을 담다

에 가깝게 들어온다. 예서체로 균형잡힌 글씨가 안정감을 주면서 시원하기까지 하다. 보설루 1층을 통과하여 보설루를 보면 〈보설루〉 현판이 걸려 있어 이 전각이 보설루라는 것을 알 수 있다.

칠불사 대웅전

보설루 앞에 있는 대웅전에는 〈대웅전〉 현판이 걸려 있다. 대웅전 왼쪽의 아자방에 예서체의 〈아자방〉 현판이 걸려 있고, 오른쪽의 설선당에는 〈설선당〉, 보설루 오른쪽에 있는 범종각인 원음각에는 〈원음각〉 현판이 걸려 있다. 전각마다 글씨체를 조금씩 달리하여 썼기 때문에 한 사람이 쓰지 않은 것으로 보이지만 이 모든 현판이 여초 김응현의 글씨다. 단조로운 느낌을 피하기 위해 변화를 주어 쓴 것으로 보인다.

현판뿐만 아니라 대웅전, 보설루, 아자방, 설선당, 원음각에 걸려 있는 주련도 여초 김응현이 썼다. 모든 현판과 주련이 여초 김응현의 글씨다. 다음은 대웅전 주련이다. 본존불인 석가모니 부처님을 찬탄하는 내용이다.

부처님 몸 법계에 충만하사
모든 중생 앞에 널리 나타나시니
인연 따라 감응함이 두루하시어
이 보리좌에 항상 계시네

佛身充滿於法界(불신충만어법계)
普顯一切衆生前(보현일체중생전)
隨緣赴感靡不周(수연부감미부주)
而恒處此菩提座(이항처차보리좌)

칠불사는 문수보살을 주존으로 모시는 '지혜의 절'로 통하기도 한다. 여기에 칠불사는 문수성지 지리산의 주봉인 반야봉 아래에 있다. 반야가 지혜를 의미하는 만큼 칠불사 문수전의 주련 내용도 문수보살에 관한 내용이다. 주련은 중국 설두 중현선사의 게송에서 따왔다.

지리산은 절을 품고 절은 지리산을 담다

칠불사 문수전

천 봉우리 깊은 골짜기 쪽빛같이 푸르른데
그 누가 말하리 문수 만나 이야기했다고
우습다 청량산 대중이 몇이냐고 하니
전삼삼 후삼삼이라 함이여

千峯盤窟色如藍(천봉반굴색여람)
誰謂曼殊是對談(수위만수시대담)
敢笑淸凉多少衆(감소청량다소중)
前三三與後三三(전삼삼여후삼삼)

주련 내용 중 '前三三與後三三(전삼삼여후삼삼)'은 흔히 보지 못하는 말이다. 이 말은 무착스님이 문수보살을 친견한 고사에서 인용한 것이라 한다. '문수보살이 무착선사에게 무착선사가 있는 곳의 불법 상황을 물으니, 무착선사가 말법시대라 300~500여 명의 대중이 있다고 대답했다. 이번에는 무착선사가 문수보살에게 물으니, 문수보살이 범부와 성인이 함께 지내며 용과 뱀도 섞여 있다. 그리고 대중은 앞도 셋 셋이고 뒤도 셋 셋이라고 대답했다[前三三與後三三]'는 것이다. 그런데 '앞도 셋 셋이고 뒤도 셋 셋'은 대체 몇 사람을 말하는 것일까?

다음은 설선당(說禪堂) 주련이다.

누더기 베옷으로 산문 밖에 나가지 않았건만
여지껏 도를 이루지 못했으니 부끄럽기 그지 없네
화두 참구 참선 공부 그 누가 득력했나
연화세계 극락정토 이름만 들었을 뿐이네
미치광이 노래는 수심 중에 튀어나오고
맑은 눈물 취한 후에 하염없이 쏟아지네
앉아서 좌복만 떨어트려 쓴 웃음만 나오니
나 같은 무리를 훌륭한 수도자라 하지 말게

麻衣曾不下山扃(마의증불하산경)

　　　　　　　　지리산은 절을 품고 절은 지리산을 담다

慙愧如今道未成(참괴여금도미성)

柏樹工夫誰得力(백수공부수득력)

蓮花世界但聞名(연화세계단문명)

狂歌每向愁中發(광가매향수중발)

淸淚多因醉後零(청루다인취후령)

坐罷蒲團還失笑(좌파포단환실소)

莫將吾輩算天氓(막장오배산천맹)

　출가하여 도량에서 긴 세월 참선을 해도 득도하기가 쉽지 않음을 토로하는 내용이다. 주련 내용은 아암 혜장스님의 장춘동잡시(長春洞雜

칠불사 원음각

詩) 십이수 중 일부이다. 아암 혜장스님은 강진으로 유배된 정약용이 다산초당에 머물 때 이웃해 있는 백련사에 있던 스님으로 정약용과 교류한 고승이다. 두 사람은 다산초당과 백련사 사이의 숲속 오솔길을 걸어 서로 오가며 배움을 주고받은 도반이었다.

원음각 주련이다. 원음각은 범종각을 말한다.

원컨대 이 종소리 법계에 두루 퍼져
캄캄한 무간지옥 모두 다 밝아지고
지옥 아귀 축생 고통 여의고 칼산지옥 부서져서
모든 중생 바른 깨달음 이루어지게 하소서

願此鐘聲遍法界(원차종성편법계)
鐵圍幽暗悉皆明(철위유암실개명)
三途離苦破刀山(삼도리고파도산)
一切衆生成正覺(일체중생성정각)

보설루〈동국제일선원〉 현판이 걸려 있는 쪽 주련이다.

봄산에 친구 없이 홀로 찾아가니
나무 베는 소리 쩡쩡하여 산은 더욱 그윽하네

탐심을 내려놓으니 밤에도 금과 은의 기운을 알고
해칠 마음 멀리하니 아침에 사슴 노는 것을 보네

春山無伴獨相求(춘산무반독상구)
伐木丁丁山更幽(벌목정정산갱유)
不貪夜識金銀氣(불탐야식금은기)
遠害朝看麋鹿遊(원해조간미록유)

당나라 두보의 '심장씨은거(尋張氏隱居)'란 제목의 시 일부다. 절에 시인의 시를 걸어 놓은 것이 이색적으로도 보인다. 하지만 탐심을 내려놓고 해칠 마음을 멀리하는 것이 불교에서 가르치는 가장 핵심의 교리가 아닌가.

칠불사는 여초 김응현이 쓴 현판과 주련을 보는 즐거움이 있다. 서예가 심재영의 증언에 의하면 그는 오후 2시경부터 5시경까지 세 시간 남짓 칠불사의 그 많은 현판과 주련을 다 썼다고 한다. 칠불사 현판과 주련에는 평생 서법을 연구하고 글씨를 썼던 명필의 혼이 담겨 있다. 한문으로 된 주련의 내용을 한글로 쓰고 해석까지 한 안내판이 있어 대강의 뜻을 알 수 있고 그 의미를 음미할 수 있다. 여기에 명필의 글씨가 전각과 어울려 더욱 아름답고 남다른 기운을 느끼게 한다. 고승과 명필이 만나며 칠불사는 법향과 묵향이 가득한 도량이 되었다.

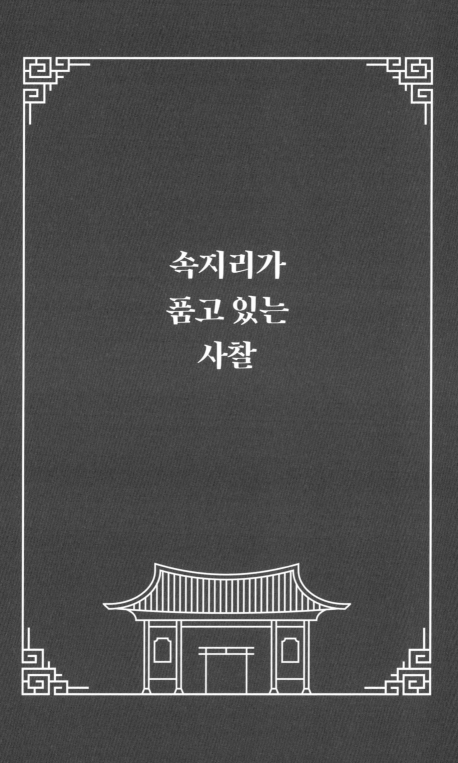

속지리가
품고 있는
사찰

지리산 동북쪽인 속지리(내지리)는 깊은 산속이라 작은 사찰이나 암자가 많다. 산이 깊어서인지 이곳에서는 도인들이 많이 나왔다고 한다. 통일 신라 말 구산선문(九山禪門) 중 최초 가람인 남원 실상사와 산내 암자인 약수암과 백장암, 조선 시대 선교겸수 간화도량으로 108조사를 배출한 함양 벽송사, 원응스님이 6·25 한국 전쟁 때 이념 대립으로 인해 죽어 간 영혼들을 위로하겠다는 발원을 하고 창건한 함양 서암정사, 조선 시대 109명의 고승들이 머물며 수행했던 함양 영원사, 지리방장 제일조망지인 함양 금대암, 금대암 아래에 있는 안국사, 법일스님에 의해 비구니 참선 도량이 된 산청 대원사, 내원사로 불리다가 원래 이름을 되찾은 산청 덕산사, 역사는 짧지만 아름다운 사찰로 알려진 산청 수선사가 있다.

남원 실상사

구산선문 최초 가람

실상사 사부대중은 모든 절 행사와 안내 자료에 '구산선문 최초 가람 생명평화의 도량 지리산 마을절'로 실상사를 소개한다. 실상사는 통일 신라 말 새롭게 등장한 선종의 아홉 개 가람 중 가장 먼저 지은 절이라는 것이다. 또한 수행의 바탕으로 인드라망 생명평화를 내걸고 있으며, 마을이 절이고 절이 마을이라는 것이다. 이는 실상사의 과거와 오늘을 관통하는 키워드인 셈이다.

실상사는 통일 신라 시대인 828년(흥덕왕 3) 홍척스님이 현 실상사 말사인 백장암 자리에 지실사(知實寺)란 이름으로 창건하였다고 전한다. 홍척스님은 중국 당나라 서당 지장스님 문하에서 공부하고 돌아와 구산선문(九山禪門) 중 최초로 이곳에 절을 지어 실상산문을 열었다. 서당 지장스님은 중국 선종의 육조인 혜능스님의 법맥을 이은 마조 도일스님의 제자다. 그러니까 실상사는 달마대사에서 시작되어 육조 혜능스님에 의해 확립된 중국 선종 중 남종선의 법맥을 이은 우리나라 최초의 가람이다.

홍척스님은 구산선문 중 장흥 보림사 가지산문의 개산조이자 현 대한불교조계종의 종조인 도의스님과 같이 당나라 서당 지장스님 문하에서 공부하여 법을 이어받았지만 도의스님이 먼저 귀국하여 선종 중 남종선을 전법하였다. 홍척스님은 도의스님보다 늦게 귀국했지만 도의스님보다 먼저 사찰을 지어 실상산문을 열고 문파를 이루었다. 그래서 실상사는 1,200여 년의 역사를 가진 구산선문 최초 가람이 되었다. 홍척스님이 선종 최초 가람을 세우는 데는 당시 왕이었던 홍덕왕의 지원이 있었다. 홍척스님의 불심을 높게 기린 홍덕왕은 사찰을 세울 수 있게 해 주었고 선강태자와 함께 불교에 귀의했다.

실상산문이 개창될 당시 교종이 약화되고 선종이 확산하자 선(禪)을 공부하려는 사람들이 실상사로 모여들자 지실사의 규모로는 수행하러 오는 사람들을 받아들일 수 없게 되었다. 그래서 홍척스님의 제자로 실상산문 2대조인 수철스님이 절터가 좁은 지실사에서 5km 정도 떨어진 지금의 실상사 자리로 절을 옮겨 크게 짓고, 절 이름을 실상사(實相寺)라 하였다. '실상'이라는 사찰 이름은 홍척스님의 존칭인 '실상선정국사(實相禪庭國師)'에서 따왔다고 한다. 사찰을 옮겼지만 홍척스님의 선종 법맥을 이은 절임을 나타내기 위해 실상사로 개칭한 것으로 보인다.

지리산은 절을 품고 절은 지리산을 담다

1468년(세조 14) 실상사가 화재로 전소되자(임진왜란 때 왜구에 의해 전소되었다는 설도 있다.) 스님들이 지실사 즉 지금의 백장암으로 수행처를 옮겼다. 그로부터 200여 년이 흐른 1679년(숙종 5)에는 지실사도 화재로 소실되었다. 그래서 실상사와 함께 지실사도 폐사지가 되고 말았다. 그래서 스님들이 절을 다시 세우기로 의견을 모은 결과 터가 넓은 옛 실상사 터에 짓기로 하여 1690년(숙종 16) 침허스님 주도로 300여 명의 수행승들과 함께 36채의 대가람을 다시 지었다. 1821년(순조 21) 의암대사가 두 번째로 중건했다. 그런데 실상사는 1882년(고종 19) 함양의 유생 양재묵 등의 방화로 소실되었다가 1884년(고종 21) 월송대사가 다시 지어 오늘에 이르고 있다.

실상사 템플스테이를 갔을 때 안내자가 제일 먼저 설명한 것이 일본과 관계된 내용이었다. 실상사가 전소되어 수행승들이 백장암으로 옮겨가게 된 원인도 임진왜란 때 왜구에 의해 실상사가 전소되었기 때문이었다는 것이다. 그래서인지 실상사에는 '일본이 흥하면 실상사가 망하고 일본이 망하면 실상사가 흥한다'는 말이 전해 온다고 한다. 이는 실상사가 선종사찰이면서 호국사찰임을 강조하는 스토리로 여겨진다.

이를 입증이라도 하듯 실상사 약사전에 봉안되어 있는 약사여래불이 지리산 천왕봉을 정면으로 바라보고 있고, 천왕봉 너머에는 위도가 같은 일본의 후지산이 일직선상으로 놓여 있다고 한다. 또한 실상사 주불전인 보광전도 약사전과 같이 동쪽 즉 천왕봉을 향해 자리 잡고 있다. 후지산은 일본을 상징하는 산이기에 실상사와 천왕봉, 후지산을 연결하여 실상사가 호국사찰임을 나타내는 증표라는 것이다.

실상사에서 바라본 지리산 | 뒤쪽 가운데 봉긋하게 솟아 있는 봉우리가
천왕봉이다.

 또한 보광전 안에 있는 범종에는 일본의 지도가 그려져 있었는데 지
금은 홋카이도와 규슈 지방만 남아 있고 나머지 부분은 희미해져 가고
있다. 이는 스님들이 예불 시 범종을 칠 때 일본 지도 부분을 많이 쳤기
때문이라고 한다. 모든 생명이 그물코로 연결된 한 생명이라는 생명
평화를 추구하는 실상사 스님들이 의도적으로 그렇게 했는지 의구심
이 들지만, 일본과 관계된 전설을 뒷받침하는 이야기로는 그럴듯하다.

　　　　　　　　　　　　지리산은 절을 품고 절은 지리산을 담다

보광전과 약사전, 천왕문에서 동쪽을 바라보면 정면에 지리산 최고봉인 천왕봉이 좌로는 중봉과 하봉, 우로는 제석봉을 거느리고 전륜성왕처럼 높게 솟아 있다. 실상사를 끼고 동쪽으로 흐르는 만수천 위에 놓인 해탈교 위에 서서 바라보면 저 멀리 지리산 천왕봉이 정면으로 보인다. 실상사와 만수천, 지리산 천왕봉, 일본의 후지산이 연결되며 실상사 이야기가 만들어져 구전으로 전해 오고 있다.

두 차례의 큰 화재를 겪으면서도 소실되지 않고 실상사를 떠나지 않은 것은 석조물이었다. 실상사 보광전 앞에 두 개의 삼층석탑, 극락전 옆에 홍척스님과 수철스님의 승탑, 승탑비가 있다. 그리고 가람 남쪽에서 약수암 가는 길 왼쪽에 편운화상탑이 있다. 북쪽 둘레길 옆에는 용담대화상승탑과 회명당대선사승탑, 자운대화상탑, 그리고 주인공을 알 수 없지만 보물로 지정된 승탑이 있다. 실상사는 이 아홉 기의 승탑과 승탑비를 돌아보는 실상사 둘레숲 승탑순례길을 조성하여 둘러보게 하고 있다.

홍척스님이 입적하자 문성왕이 '증각(證覺)'이라는 시호와 '응료(凝蓼)'라는 탑호를 내렸다. 지금 실상사 극락전 옆에 그의 시호와 탑호를 딴 승탑 '증각홍척국사응료탑(證覺洪陟國師凝蓼塔)'과 승탑비 '증각홍척국사응료탑비'가 있다. 승탑비의 몸돌은 없어지고 지금은 머릿돌과 받침돌만 남아 있다. 머릿돌은 용의 모습이 아니라 거북의 모습을 그대로 조각하였다. 머릿돌에 '응료탑비'라는 글자가 새겨져 있다.

실상사 증각홍척국사응료탑

실상사 수철화상능가보월탑

지리산은 절을 품고 절은 지리산을 담다

극락전을 사이에 두고 반대편에는 홍척스님의 제자이자 실상산문 2대조인 수철스님의 승탑 '수철화상능가보월탑'과 승탑비 '수철화상능가보월탑비'가 있다. 승탑과 승탑비의 이름은 수철스님이 입적하자 진성여왕이 내린 '수철화상(秀澈和尙)'이라는 시호와 '능가보월(楞伽寶月)'이라는 탑호를 따서 지었다. 승탑비의 머릿돌 가운데는 '능가보월탑비'라는 글자가 새겨져 있어 수철스님의 승탑비임을 알 수 있다.

홍척스님의 제자로서 수철스님과 더불어 이름을 날린 실상산문 3대조인 편운스님의 승탑 '편운화상승탑'은 약수암 가는 길 왼쪽 조계암터에 있다. 당시 승탑은 대부분 팔각원당형인데 반해 이 승탑은 둥근 향로와 비슷한 모습이다. 승탑에 '정개 10년 경오년에 세운다[정개십년경오세건(正開十年庚午歲建)]'라는 명문이 있다. '정개'는 후백제 견훤의 연호이고, '정개 10년'은 910년(효공왕 14)이다. 이 명문을 통해 이 승탑이 후백제의 지원으로 건립된 것으로 추정하고 있다. 이 승탑은 후백제 견원의 연호를 사용한 유일한 승탑으로 2022년 보물로 지정됐다.

용담대화상탑은 용담스님의 승탑이다. 용담스님은 회문산 심원사, 동락산 도림사, 지리산의 여러 암자에서 〈선문염송〉을 널리 알렸다. 1762년 실상사에서 입적하자 이 승탑을 세우고 사리 5과 중 일부를 봉안하였다. 회명당대선사승탑은 조선 후기에 만들어진 종 모양의 석종형 승탑이다. 승탑의 윗면에는 인도의 고대어인 산스크리트어가 새겨져 있고, 승탑의 가운데에 '회명당대선사탑'이라고 새겨져 있다.

회명당대선사탑 위쪽으로 가면 입석마을이 있는데 마을 입구 오른쪽 언덕에 두 기의 승탑이 있다. 오른쪽에 있는 자운대화상탑은 회명당대선사탑과 같이 조선시대 석종형 승탑이고, 인도의 고대어인 산스크리트어가 새겨져 있다. 그 옆에 있는 통일 신라 시대의 승탑 양식을 계승한 고려 전기의 승탑은 주인공을 알 수 없어 실상사승탑이라고 부르고 있다. 이 승탑은 받침돌은 팔각이고, 하대석은 구름과 용이 꿈틀거리게 새겨져 있다. 상대석은 여덟 개의 연꽃이 몸돌을 받치고 있는 모습이고, 팔각의 지붕돌 귀퉁이마다 귀꽃이 조각되어 있다.

2024년 5월 15일 부처님 오신 날 아홉 기의 승탑과 승탑비를 순례하면서 실상사의 역사를 추체험하는 시간을 가졌다. 승탑과 승탑비 앞에서 1,200여 년 동안 실상사 도량에서 선수행을 통해 깨달음에 이르고자 했던 무수한 수행자들을 떠올려 보았다. 그들이 이곳에서 치열하게 정진한 목적은 어디에 있었을까.

석가모니 부처님이 2,600여 년 전에 당시 인도 룸비니에서 태어나 설파하셨다고 하는 "천상천하 유아독존 삼계개고 아당안지(天上天下 唯我獨尊 三界皆苦 我當安之)" 즉 '하늘 위 하늘 아래 나 우뚝 존귀하다. 온 세상의 고통을 내가 마땅히 편안케 하리'라는 말에 그 답이 있을 것 같다.

사람들은 누구나 한 번쯤 '나는 누구인가, 어떻게 살아야 하나'라는 물음을 스스로에게 던지며 살아간다. 석가모니 부처님이 설파한 '천상천하 유아독존'은 '나는 누구인가', '삼계개고 아당안지'는 '어떻게 살아야 하나'에 대한 답이다. 승탑을 순례하는 건 석가모니 부처님처럼 '나는 누구이고 어떻게 살아야 하는지'에 대한 답을 찾는 시간이다.

생명평화의 도량

실상사 주불전은 보광전인데 그 옆에 있는 약사전은 보광전과 함께 실상사의 중심 불전으로 여겨지고 있다. 약사전은 약사여래불을 모시는 전각이기에 중생의 아픔을 치유하는 전각으로 알려져 있다. 그리고 봉안되는 부처님은 대체로 금동불상이나 목조불상이다. 그런데 실상사 약사전 부처님은 철로 만들어져 봉안되어 있고 약사전 명칭과 아울러 이름에 얽힌 사연이 있다.

실상사 약사전 철조여래좌상

약사전에 봉안된 철조여래좌상은 높이 2.66m의 웅장한 모습이다. 전체적으로 보아 얼굴이 크고 기존의 불상들에 비해 투박하다. 하지만 불상이 대체로 금동불이나 목불인데 비해 철불인 점이 파격적이다. 그런데 철조여래좌상의 수인 즉 손 모양은 목재로 되어 있는데, 2016년 복장유물 조사 과정에서 발견된 철제 수인을 복제하여 끼워 붙였다. 오른손은 가슴 쪽으로 들어 올려 엄지와 중지를 맞대고 있고, 무릎에 올려놓은 왼손은 손바닥을 위로 향하게 올려놓고 엄지와 중지를 맞잡고 있는 아미타불의 중품하생인(中品下生印)의 수인을 하고 있다.

그런데 이 불상의 명칭을 두고 연구자들 사이에 의견이 엇갈리고 있다. 먼저 수인으로 보아 이 불상은 아미타불일 가능성이 크다. 그런데 이 불상이 약사전에 봉안되어 있고, 수철스님이 실상사를 처음 지을 때 석탑과 함께 약사불을 봉안했다는 설이 있어 이 철조여래좌상은 통칭 약사불로 여겨져 왔다.

여기에 이 철조여래좌상이 노사나불이라고 주장하는 의견도 있다. 철불의 크기로 볼 때 실상사 창건 당시의 법당인 보광전에 봉안되어 있었으며 중창 때 약사전으로 옮기는 과정에서 수인이 교체되었다는 것이다. 또한 노사나불은 보신불로 선종 사찰에서 주로 비로자나불의 협시불로 봉안되었는데, 당시 선종 사찰인 가지산문 보림사가 노사나불을 봉안한 것처럼 선종 사찰이었던 실상사도 노사나불을 봉안했을 것이라는 주장이다.

부처님이 무슨 이름으로 불린들 어떤 의미로 이해되든 무슨 대수이겠는가. 병이 들어도 변변하게 치료해 줄 의사도, 약도 없는 깊은 산골에서 중생들이 마지막 의지하여 아픔을 달랠 곳은 오직 부처님뿐이었을 것이다. 저마다 몸과 마음의 아픔을 안고 와서 고통을 호소하고 낫기를 빌며 지극하게 오체투지하니 어찌 불보살의 감응과 가피가 없었겠는가. 그래서 언제부터인지 이 부처님은 중생의 병고를 씻어 주는 약사여래불로 불리고 있다.

하나의 불상을 두고 약사불, 아미타불, 노사나불로 보는 분분한 의견에 참고가 될 만한 것이 영주 부석사 무량수전에 봉안된 아미타불이다. 영주 부석사 무량수전에 봉안된 불상의 수인은 아미타불이 아닌 석가모니불이 흔히 취하는 항마촉지인을 하고 있어 연구자들 사이에 아미타불인지 석가모니불인지를 놓고 의견이 엇갈렸었다. 전각은 무량수전이라 주존불을 아미타불로 봉안해야 하는데 석가모니불이라니 당연히 헷갈릴 수밖에 없다. 그런데 부석사 원융국사탑비 비문에 "아미타불을 만들어 봉안했다"는 기록이 있고 불상을 봉안한 전각이 무량수전이기 때문에 지금은 이 불상을 아미타불로 보는 의견이 지배적이다.

그럼 실상사 약사전에 봉안되어 있는 철조여래좌상은 어느 부처님일까. 통일 신라 말기 상황에서 민중들이 가장 염원했던 것과 관계가 있을지도 모른다. 후삼국으로 분열되어 전쟁이 끊임없이 일어나는 혼란했던 당시 상황에서는 병고를 낫게 하거나 극락세계에 왕생하기를 염원한 백성들이 많았을 것이다. 그럼 실상사를 짓고 부처님을 봉안할 스님으로서는 약사불이나 아미타불을 봉안했으리라 짐작된다. 그러면서도 최초로 선종 사찰을 지으면서 노사나불도 봉안하고 싶었을 것이다. 그러면 약사전 약사불, 아미타불, 노사나불 모두를 모신 전각일지도 모른다.

철조여래좌상 뒤에는 여느 절에서 볼 수 없는 후불탱화가 있다. 대개 본존불로 봉안하는 불보살과 관계된 그림을 그려 걸어 놓는데 실상사 약사전 후불탱화는 〈지리산 생명평화의 춤〉이 걸려 있다. '지리산 프로젝트'의 일환으로 이호신 작가가 그린 이 후불탱화는 2015년 10월 25일 봉안법회를 연 후 이곳 약사전에 봉안되었다. 수미산이 연상되는 지리산이 화폭 전체에 그려져 있고, 화폭 중앙에서 좌우로 길게 뻗어나간 거대한 소나무를 중심으로 수많은 봉우리와 능선, 부처님, 마고할미,

실상사 약사전 〈지리산 생명평화의 춤〉 후불탱화

지리산은 절을 품고 절은 지리산을 담다

절, 반달곰, 장승 등이 그려져 있다. 탑, 석등, 승탑, 승탑비는 구름 위에 그려져 있어 비천하는 모습이다. 좌우에는 해와 달이 그려져 있어 지리산이라는 거대한 품에서 삼라만상이 모두 상생하는 모습으로 연출된다.

봉안법회에서 당시 주지 응묵스님은 "불사에 함께 한 대중들은 붓다의 진실한 뜻, 우리 역사와 전통, 21세기 시대정신을 잘 살리는 불사를 하고자 발원했다. (중략) 한반도 지리산에 어울리도록 생명의 아픔을 품어 안는 약사여래 뒤편에 모실 불화, '지리산 생명평화의 춤'을 조성했다. 당연히 우리 민족의 슬픔과 기쁨, 좌절과 희망이 서린 지리산과 지역 사회의 자연 생태, 역사 문화, 그리고 오늘 우리 삶과 함께 하는 실상사가 되도록 하고자 노고할매와 약사여래를 불일불이(不一不二)하게 모셨다."고 후불탱화 〈지리산 생명평화의 춤〉을 봉안하게 된 인연을 강조했다. 이어서 "약사전에 계시는 약사여래는 천년 세월을 고통받는 생명들과 함께해 왔다."고 강조하여 약사전 철조여래좌상이 약사불임을 강조했다.

지금 〈지리산 생명평화의 춤〉 후불탱화 아래에는 후불탱화를 모신 인연과 1,665명의 시주자 명단을 현수막에 자세하게 기록하여 붙여 놓았다. 그리고 이것은 임시명판이고 영구명판을 제작하고 있음도 아울러 써 놓았다. 〈지리산 생명평화의 춤〉 가운데에 우람하게 서 있는 소나무는 '지리산 천년송'을 모델로 그렸다고 한다. 지리산 천년송은 뱀사골 명선봉으로부터 뻗어 나온 산자락에 있는데, 천년송 아래에는 구름도 누워 갈 정도로 높고 험한 곳이라고 하는 와운마을에 있다.

　와운마을은 뱀사골 탐방 안내소에서 3km쯤 안으로 들어가면 나온 다. 지리산의 북동쪽 해발 800m에 위치한 마을로 주변이 산으로 둘러 싸여 있다. 와운마을 주민들은 지리산 천년송을 마을의 수호신으로 믿고 매년 정월 초사흘에 이 소나무에 제사를 지낸다고 한다. 천년송은 높이가 20m, 가슴 높이의 둘레는 6m, 사방으로 뻗은 가지의 폭은 12m 에 이른다. 천년송은 크기나 옆으로 뻗은 가지의 모습이 장엄했다. 지리산의 장중함을 닮았다. 〈지리산 생명평화의 춤〉 모델이 될 정도로 천년송은 낙락장송이었다. 작가는 천여 년 동안 와운마을의 수호신 역할을 하는 천년송을 지리산 전체를 아우르는 수호신으로 그리고 싶었

지리산 천년송

지리산은 절을 품고 절은 지리산을 담다

을 것이다.

약사전에 봉안된 부처님이 언제부터 약사불로 불리었고, '약사전'이라는 현판을 걸었는지는 모른다. 실상사 발굴보고서에 의하면 지금의 약사전 부지 위에 처음으로 건물이 선 것은 고려 초기이다. 그리고 1468년(세조 14) 실상사가 화재로 전소되고 200여 년간 폐사지로 남아 있었기에 이 불상 역시 오랜 세월 들판에 방치되었을 것으로 보인다.

그런데 약사전을 해체 복원할 때 종도리에 쓰여 있는 상량문에 "약사 철불 독좌토야중 순치 16년 기해 칠월 초3일 중창(효종 10년 1659년)", "강희 40년 신사 유월 초7일 약사법당 삼중창(숙종 27년 1701년)"이라는 내용이 발견되어 중창 이전부터 약사불로 불리고 있었음이 밝혀졌다. 1883년 함양의 유생 양재묵 등의 방화로 실상사가 또 한 번 전소될 때도 약사전은 불타지 않았다. 그런데 흰개미에 의해 기둥이 약해져서 비스듬히 기울어졌다.

지금 약사전에서는 '미혹의 문명을 넘어 깨달음의 문명'이란 의미를 담은 '문명 전환 지리산 만일결사'가 진행 중이다. 2020년 6월 21일부터 시작되어 2047년 12월 6일에 끝나는 대장정이다. 현재 제2차 천일정진 (2023. 3. 18~2025. 12. 11)이 이루어지고 있다.

미혹의 문명이란 어떤 의미일까. 일반적인 언어로 표현하면 미혹의 삶이다. 미혹의 삶은 업보중생의 삶이다. 불교의 익숙한 용어를 빌리면 12연기의 맨 처음에 나오는 무명의 삶이고 무명으로 인해 업을 지어 죄 많은 업보 중생의 삶을 산다는 것이다. 깨달음의 문명이란 어떤 뜻일까. 부처님 행자로서의 삶, 본래 부처의 삶, 동체대비의 삶이다. 그래서 '미혹의 문명을 넘어 깨달음의 문명'을 살자는 만일결사의 지향은 '미혹의 삶 또는 업보중생의 삶을 버리고 본래 부처 또는 깨달음 또는 동체대비심으로 삶을 살자'는 것이다. 이를 위해 만일이라는 어마어마한 기간 동안 만일결사의 뜻을 담아 기도와 수행 정진하는 것이다.

실상사는 생명평화 어울림의 삶을 표방하는 생명평화 무늬 로고를 만들어 사용하고 있다. 생명평화 무늬는 우리 모두의 인생 화두인 지금 여기 나의 참모습에 대한 일반적인 그림이다. 불교적으로는 인드라망 무늬, 대한불교조계종의 삼보륜, 일반 대중은 생명평화 무늬라고 한다. 그물의 그물코들처럼 연기적으로 이뤄진 존재, 분리 독립, 고정불변한 그 무엇도 있지 않고 온통 관계와 변화로 존재한다는 의미를 담고 있다.

약사전 부처님을 공식적인 자료에 '철조여래좌상'으로 표기한 것은 약사불, 아미타불, 노사나불로 특정할 수 없어 그렇게 했을 것이다. 불상을 문화유산 측면으로 보는 입장에서일 게다. 하지만 불상은 문화유산이기 이전에 그 사찰의 사부대중의 발원으로 만들어 봉안하고 예불하는 부처님의 상징이다. 그래서 응묵스님은 철조여래좌상을 '약사여래'라고 부르며 그 의미를 강조했다. 이제 약사전의 철조여래좌상은 약사불로 많은 불자들의 기도와 발원처로, 만일결사 중심 도량과 지리산 생명평화의 상징이 되었다.

지리산은 절을 품고 절은 지리산을 담다

지리산 마을절

실상사를 가기 위해 남원 인월면을 지나 산내면에 들어와 만수천을 따라가다 우측으로 방향을 트니 해탈교가 나온다. 남섬부주에서 산을 넘고 물을 건너 이제 수미산 입구에 도착한 듯싶다. 해탈교를 건너려고 하는데 왼쪽에 돌장승이 하나 서 있다. 원래 오른쪽에도 돌장승이 있었는데 1936년 홍수에 쓸려 내려갔다고 한다. 해탈교를 건너가면 좌우에 돌장승이 한 기씩 서 있다. 세 돌장승은 높이는 2.5~2.9m, 머리에는 모자를 썼고, 튀어나온 둥근 눈, 주먹코, 커다란 귀 등 비슷한 형상이다. 이 돌장승들은 1725년(영조 1)에 세웠다고 한다. 장승은 보통 남녀로 배치해 음양의 조화를 꾀하는데, 세 돌장승은 모두 남자의 모습이다. 그런데 돌장승들의 표정이 험상궂기는커녕 익살스럽고 해학적이다.

장승은 절이나 마을 입구에 세워 경계를 표시하거나 수호신 역할을 한다. 해탈교 양쪽에 두 개씩 세운 이 돌장승들은 귀신을 쫓아 실상사와 마을을 지키는 역할을 하는 상징으로 보인다. 세 개의 돌장승 중 해탈교 건너편에 있는 것은 일주문 역할도 하는 것으로 보인다. 해탈교를 건너왔다고 교만하지 말고 옷매무새를 매만지고 마음을 하나로 모으라고 말이다.

실상사가 지리산에 있는 사찰이라 돌장승을 지나도 사찰이 안 보여야 할 것 같은데 논을 사이에 두고 백여 미터 앞에 실상사가 있다. 산내면 입석리 마을과 해탈교라는 다리를 경계로 마을과 절이 있어 언뜻 보

실상사 돌장승

지리산은 절을 품고 절은 지리산을 담다

면 마을과 절이 한 구역에 있는 듯한 모습이다. 실상사는 지리산이 품은 절이지만 들판, 즉 평지에 세워져 있는 특이한 절이다. 산사, 산지승원을 염두에 둔 사람들은 실상사를 보고 "뭔 절이 동네 앞에, 너른 들판 논 가운데 멋없이 있을까?"라고 말한다는 주지스님의 표현에 고개가 끄덕여진다.

실상사가 이곳에 처음 지어졌을 때는 지리산 숲속에 있었다고 한다. 그런데 불법을 공부하러 오는 수행자들과 대중들이 늘어나다 보니 마을이 형성되고 경작지가 조성되는 과정에서 절이 수만 평의 논 한가운데 놓이게 되었다는 것이다. 석가모니 부처님이 전법할 당시부터 절은 실상사와 같이 마을에서 멀지도 가깝지도 않은 마을과의 경계에 있는 숲에 세워졌다. 수행자들이 먹는 음식을 탁발에 의지했기 때문에 마을과 멀어서는 안 되었다. 그렇다고 마을 속에 있으면 소란하여 수행하기에 방해가 되기 때문에 마을과 일정한 거리를 유지해야 했다.

실상사는 마을과 가깝게 있지만 만수천이 자연스럽게 마을과 실상사를 구분하는 경계 역할을 하고 있다. 그래서 만수천을 건너가는 해탈교 양쪽에 있는 돌장승은 마을과 절의 경계를 나타내는 상징으로 세운 것은 아닐까 싶다. 인도 마가다국의 빔비사라 왕이 지어 승가에 기증한 불교 최초의 절 죽림정사도 지금의 실상사와 같이 마을 옆 들판에 있었다고 하니 실상사는 불교 사찰의 원형처럼 보이기도 한다.

해탈교를 건너 100미터 논둑길을 따라가면 오른쪽으로 실상사 천왕문이 나온다. 천왕문 이전에 일주문이 없고, 천왕문을 지나도 해탈문이나 불이문이 없어 실상사에서는 천왕문이 유일한 문이다. 해탈교가 마을과 실상사의 경계라면 천왕문은 불국토로 들어가는 첫 번째 문이자 마지막 문이다. 천왕문은 다른 절과 같이 사천왕이 배치되어 있지만, 입구 양쪽 기둥에는 '가득함도 빛나고 비움도 빛나라'고 한글로 쓴 주련을 걸어 놓았다.

실상사 천왕문

천왕문을 지나 실상사 경내로 들어가면 전각과 승탑 등 석조물 앞에 안내판이 두 개씩 있다. 하나는 다른 절과 같이 지자체에서 만들어 세운 안내판인데 그 옆에 있는 안내판은 인월면 소재 인월중학교 학생들이 만든 것이다.

지리산은 절을 품고 절은 지리산을 담다

홍척스님의 승탑에 대해 기존 안내판은 '남원 실상사 증각대사탑'이란 제목으로 '이 부도탑은 통일 신라 말 홍척스님을 추모하여 세운 것으로, 경내에 함께 있는 그의 제자 수철스님의 부도탑과 비슷한 형식으로 만들었다. (중략) 탑 몸체에 새긴 문짝 무늬는 윗부분이 반원형인데, 자물쇠와 문고리까지 세밀하게 새긴 것이 눈길을 끈다. (후략)'라고 쓰여 있다.

그 옆에 있는 인월중 1학년 학생들이 작성하여 만든 안내판에는 '홍척스님의 탑'이란 제목으로 '이 탑을 만든 시대는 통일 신라 시대이고 실상사를 처음 만든 홍척스님의 무덤이다. (중략) 이 탑의 높이는 중1 여학생 키의 1.5배이다. 궁금한 점은 홍척스님의 무덤은 왜 구석진 곳에 있을까? 왜 탑에 그림이 그려져 있을까? 실상사에서 찾기 힘든 곳에 있어서 보러 가기 힘들지만 실제로 보면 참 예쁘다.'라고 쓰여 있다. 학생들이 쓴 안내판은 '2018 전통산사문화재활용사업'의 하나로 만든 것이다. 일반인이 홍척스님의 승탑을 보고 문화재 전문가가 쓴 내용과 중1 학생이 쓴 내용을 읽어보면 어느 것이 이해가 잘 될까.

2024년 실상사 전통 산사문화유산 활용사업팀은 청소년을 포함한 지역 주민들이 지역과 실상사 문화유산을 더 깊이 이해하고 홍보하기 위해 '우리 마을 보물 창고 실상사 내가 홍보대사' 동영상을 제작하고 있다. 홍보 동영상을 제작하여 웹에 올리고 대상 문화재 안내판에는 QR코드를 부착하여 방문객들이 영상으로 보고 들을 수 있게 할 예정이라고 한다. 이는 지역 청소년들에게 자긍심을 주고 참신한 안내라고 주목을 받았던 2018 전통산사문화재활용사업 중 '청소년들과의 안내판 제작'에 이어 실시하는 사업이다. 마을 주민들이 실상사의 문화유산을 안내하는 동영상을 제작하는 것은 마을이 절이고 절이 마을이라는 것을 알려 주는 증표다.

실상사는 30여 년 전부터 귀농 학교 개원(1998년), 실상사 작은 학교 설립(2001년), 산내들 어린이집 개원(2004년), 지리산 작은 마을 완공(2010년), 산내 여성농업인센터 개원(2013년)을 하는 등 마을과 함께하는 활동을 꾸준히 해 오고 있다. 이는 실상사가 마을 속의 절이라는 증표처럼 보였다.

실상사는 마을이 있어 절이 빛나고 절이 있어 마을이 빛나는 조화로운 삶을 꿈꾸고 있다. 부처님 당시부터 승가와 마을은 법과 밥을 나누는 이웃이었다. 그래서 부처님과 제자들은 마을에서 함께 살았다. 실상사는 '지리산 실상사'라는 이름 대신 '지리산 마을절 실상사'라고 부르기를 좋아한다. 해탈교를 건너 실상사와 마을을 오가는 동안 '마을이 절이고 절이 마을'이라는 실상사 사부대중의 말이 머릿속을 떠나지 않았다.

집이 무너지고 남긴 것들

실상사 천왕문을 통과하면 정면으로 동·서 삼층석탑과 석등, 보광

지리산은 절을 품고 절은 지리산을 담다

전이 보인다. 그런데 가장 먼저 만나는 것은 오른쪽에 있는 인도 스투파(탑) 모양의 옛 기와탑이다. 9세기 초 실상사가 창건될 당시의 모습과 변천과정을 밝히기 위해 1996년부터 2005년까지 10여 년간 발굴 조사를 했는데, 그때 출토된 통일 신라에서 조선 시대까지의 기와를 모아만든 탑이다. 안내석에는 "이 기와 하나하나가 1,200여 년에 걸쳐 실상사에 남겨진 우리 조상의 얼을 담고 있으니 한 점도 없어지지 않게 잘보존하여 후손들에게 남겨 주자"고 새겨져 있다.

실상사 옛 기와탑

지리산 연봉들이 연꽃잎 되어 감싸 안은 연꽃절인 실상사는 전쟁과화재로 인해 모진 세월의 풍파를 겪으면서 부서지고 다시 세워지며 지금에 이르고 있다. 이 기와들은 부처님 법을 공부하고 가르침대로 깨달음에 이르고자 수행 정진한 사부대중의 모습이자 그들이 남긴 수행일기인지도 모른다. 스투파가 부처님 진신사리를 모신 불탑이듯이 이 기와탑은 실상사에 머물며 깨달음에 이르고자 정진한 사람들의 수행탑이다.

그래서 아침 울력 때 이 기와탑 위에 올라가서 풀을 뽑는 스님은 우리를 번뇌에 묶어 놓는 무명초를 뽑는 것인지도 모른다. 그렇지 않고서야 깨진 기와 조각을 이렇게 쌓아 둘 필요도 없으며 정성껏 관리할 필요도 없을 것이기 때문이다. 역사는 기억하고 기록되어 전수됨으로써 서로 연결된 존재들이 한 몸 한 생명임을 확인하게 해 준다. 그런 의미에서 기와탑은 후손들에게는 기억탑이다. 그래서 실상사에 가면 맨 먼저 기와탑 앞에서 천 년의 세월을 음미하고 기억해야 한다. 지금 실상사 가람은 그 세월의 바탕에서 세워졌기 때문이다.

목탑은 사라지고 주춧돌만 남았네

실상사 옛 기와탑 뒤에는 범종각이 있고 그 오른쪽에 목탑지가 있다. 1m 정도의 높이에 사방 20여 m에 이르는 정방형의 기단 위에는 세월의 흔적이 배어 있는 검은 돌들이 일정한 간격으로 놓여 있다. 언뜻 보면 잔디밭에 앉을 수 있도록 돌을 배치해 놓은 것처럼 보이는데, 이곳

지리산은 절을 품고 절은 지리산을 담다

이 실상사 목탑이 있던 자리다. 실상사 목탑은 고려 시대에 축조되었는데 화재로 소실되었다. 조선 후기에는 목탑지 초석을 재사용하여 남북 19.54m, 동서 8.07m의 전각을 축조하였으나 이마저도 화재로 소실되어 지금은 초석만 남아 있다.

1998~1999년 실시한 발굴 조사에 따르면 정면 7칸, 측면 7칸의 정방향으로 각 면의 모서리가 동남서북을 가리키고 있다. 탑의 한 변의 길이는 20.5m이고, 기단은 길이 26.7m, 높이 1.16m로 되어 있다. 남측과 북측 기단에 각각 1개씩의 계단이 남아 있다. 이는 경주 황룡사 9층목탑에 버금가는 규모다. 지금 목탑지에는 발굴 조사 당시의 빛바랜 사진과 9층(높이 73m)으로 추정한 목탑 복원 입면도를 그려 놓았다.

지금 이 목탑지는 생명평화광장, 생명평화기도단으로 사용되고 있다. 2014년 세월호 참사 이후 〈세월호 지리산 천일기도〉를 이곳에서 시작했으며, 사람들의 아픈 마음을 어루만져 주고 새로운 세상을 위해 기도하고 다짐하는 의지처가 되었다. 천일기도를 하는 동안 세월호 노란 리본이 있던 자리에 '생명평화 푸렁이무늬'를 세웠다. 세월호 글자의 초성인 'ㅅ'과 'ㅇ' 위에 희망의 새싹이 피어나는 모습을 통해 세월호 참사의 아픔을 딛고, 세월호 희생자들, 함께 울었던 온 국민의 바람인 '생명이 안전하고 평화로운 사회'를 가꾸겠다는 다짐을 담았다.

목탑지 한쪽 끝에는 돌솟대 2기를 세워 놓았다. 솟대는 마을의 안녕과 풍년을 기원하는 마음을 담아 마을 어귀에 세운다. 또한 신성한 영역을 표시하는 경계로 세우기도 한다. 솟대는 주로 나무로 만드는데,

실상사 목탑지

이 돌솟대는 실상사 인근에서 구한 돌로 만들었다. 솟대 끝의 새들은 천상계의 신과 마을 주민을 연결하는 전령조일 뿐만 아니라 삶과 죽음의 경계를 넘나드는 상징물로 여겨진다. 지리산프로젝트 2015우주산 책의 일환으로 성신석조각연구회에서 만든 이 돌솟대는 영적인 여행을 떠나는 이들의 길을 안내하는 염원을 담았다.

 실상사 주불전인 보광전과 약사전을 바라보는 최고의 뷰포인트는 목탑지다. 목탑지 초석에 앉아 보광전과 약사전을 바라보면 모든 것은 변한다는 진실을 실감한다. 목탑지 옆 범종각에서 울려 퍼지는 범종 소리는 모든 번뇌로부터 벗어나게 해 줄 것만 같다. 불탑의 형체는 사라졌지만 불탑을 세운 사람들의 발원은 이곳에 남아 있는지도 모른다.

　　　　　　　　　　지리산은 절을 품고 절은 지리산을 담다

이곳에 생명평화 푸렁이무늬가 세워지고 〈세월호 지리산 천일기도〉가 이루어진 것이 우연은 아닐 것이다.

천 년의 풍운에도 쓰러지지 않았네

우리나라 사찰에 가면 대개 대웅전을 비롯한 전각과 탑이 있다. 주불전 안에 봉안된 불상과 불탑은 부처님을 상징하기 때문에 절을 지을 때 불탑과 불상을 조성하는 것이 일반적인 가람 조성 방식이었다. 불탑은 부처님의 유골을 봉안한 무덤과 같은 건축물이고, 불상은 부처님의 형상으로 만든 불교 조각이다. 불교에서 부처님의 사리는 부처님을 상징하기 때문에 부처님 열반 후에 불탑 신앙이 성행하였다.

불탑 안에 봉안하는 사리는 육신사리와 법신사리로 구분한다. 육신사리는 뼈사리인 골(骨)사리, 머리카락의 발(髮)사리, 손톱의 조(爪)사리로 구분되는데 이 중 골사리가 대표적이다. 부처님이 열반하면서 남긴 사리는 8개 나라에 분배되어 탑을 세우고 봉안되었는데 이를 근본8탑이라고 한다. 부처님 열반 300여 년 후 인도 전역을 통일한 아소카왕이 전국에 팔만사천 개의 탑을 세우고 근본8탑 중 7개의 탑 안에 있는 불사리를 나누어 봉안하였다.

불탑 신앙의 발전으로 사리의 수요가 폭발적으로 늘어났지만 육신사리의 한계 때문에 법신사리를 불탑에 봉안하기 시작했다. 법신사리는 붓다의 가르침을 육신사리의 가치와 동등한 가치로 인식하며 탑에 봉안하였다. 탑을 해체 보수할 때 나오는 금강경과 같은 경전이 나오는 것이 그 예이다. 대표적인 법신사리의 예로는 석가탑에서 발견된 무구정광대다라니다.

부처님 열반 후 500여 년 동안 부처님을 상징하는 불탑 신앙이 발전하면서 부처님을 형상화하지 않고 보리수, 금강좌, 불족적 등으로 표현했다. 이 시기를 불상이 없던 시기라 하여 무불상시대라고 한다. 그런데 기원 후 헬레니즘 문화가 인도 서북부 간다라 지방에 들어오면서 불상, 즉 부처님의 형상이 조성되기 시작했다. 간다라 지방에서 불상이 만들어질 때 인도 중북부 마투라 지방에서도 불상이 만들어지기 시작했다. 육신사리나 법신사리보다 불상은 눈에 보였기 때문인지 점차 불탑 신앙이 불상 신앙에 밀려났다. 그 후 점차 불탑은 신앙의 중심 역할을 하지 못하고 상징적인 중요성만 확보하게 되었다.

불상 신앙이 중심으로 되면서 불상을 모실 전각이 필요하여 대웅전, 대적광전 등의 전각이 세워졌다. 이제 가람은 예불을 올리는 대웅전 같은 주불전이 중심이 되었다. 이제 부처님을 상징하는 불상과 불탑이 가람 안에 있게 되었다. 그런데 주불전 안의 본존불 앞에 불탑이 있으면 본존불을 바라보는 시야를 가리게 되어 불탑은 본존불의 시야를 피하여 측면으로 이동하거나, 주불전 좌우로 두 기의 탑을 세워 균형을 맞추기도 하였다. 쌍탑을 세우는 것은 경제적인 부담이 되었기 때문에 대체로 큰 절에서 세울 수 있었다.

불탑의 구조면에서 볼 때 불탑이 처음 조성된 인도에서는 산치대탑처럼 발우를 엎어 놓은 것과 같은 복발형이다. 이는 탑을 오른쪽으로 돌면서 존경의 예를 표하는 문화와 관련이 있지 않을까 싶다. 불교가 중국에 들어오면서 사리를 다층 목조 건물에 봉안하였다. 중국을 통해 불교를 수용한 우리나라도 불탑은 다층 목조 건축이었다. 목탑은 아름답게 축조할 수 있는 장점이 있지만 불에 타기 쉬운 약점을 함께 지니고 있다. 그 예로 황룡사9층목탑이나 실상사 목탑이 전란 등으로 소실되고 그 터만 남아 있게 되었다.

그래서 우리나라에서는 점차 돌로 불탑을 만들게 되었다. 석탑은 목탑에 비해 정교함이 떨어지지만 단순함에서 오는 미학이 뛰어나고 불에 취약하지 않은 장점이 있다. 그래서 전란 등으로 목조 전각들이 소실되어 절이 폐사지로 남아 있게 되어도 석탑은 그 자리에서 천 년 이상을 버티면서 불국토를 지키고 있다. 남원 실상사 보광전 앞 동쪽과 서쪽에 나란히 있는 두 삼층석탑은 이러한 역사적인 과정을 거치면서 세워지고, 전란과 화재에도 살아남아 실상사가 수많은 대중이 불법을 공부하고 수행하던 대가람이었음을 무언으로 말해 주고 있다.

실상사 동·서 삼층석탑은 통일 신라 말 실상사를 처음 지을 때 세운 것이다. 이 두 탑은 구조상으로 전형적인 통일 신라 시대 석탑이다. 그래서 실상사가 폐사지가 되고 다른 석조물이나 기록이 없다고 하더라도 이 석탑을 보면 실상사가 천년 고찰임을 알 수 있다. 층마다 몸체와 지붕을 각각 별개의 돌로 만들었다. 지붕의 모퉁이가 위로 치켜 올라

실상사 동·서 삼층석탑

갔고 상륜부가 남아 있어 전체적으로 경쾌하고, 단순함 속에 배어 있는
화려한 느낌을 준다.

　실상사 경내에는 두 삼층석탑 외에 초석이 남아 있는 목탑지와 그 옆
에 전란으로 불에 타고 남아 있던 기와를 모아 쌓은 옛 기와탑도 있어
탑의 기원과 역사, 그 의미를 생각해 볼 수 있다. 보물로 지정된 삼층석
탑은 유형의 국가문화유산이지만, 목탑지와 옛 기와탑은 그에 버금가
는 실상사의 유산이다.

　　　　　　　　　　지리산은 절을 품고 절은 지리산을 담다

울력도 수행이라

　절에서 대중들이 함께 모여 하는 육체적 노동을 운력(運力)이라고
한다. 여러 사람이 힘을 구름처럼 모은다는 뜻에서 운력(雲力)이라고
도 한다. 절에서는 대개 울력이라고 하는데 수행의 하나로 특히 선종
에서 중요한 수행 수단으로 내려오고 있다. 백장청규로 유명한 당나라
백장 회해스님은 90세에도 다른 수행 대중들과 함께 울력을 했다고 한
다. 시대 변화에 따라 지금 절에서는 수행 대중들이 예전처럼 일하는
모습이 많이 사라졌지만 그 전통은 면면히 이어지고 있다.

실상사 울력

실상사 템플스테이에 가면 아침 7시에 스님들과 함께 도량 쓸기, 풀 뽑기 등 울력을 한다. 30분 정도 도량의 청량한 공기를 마시며 하는 울력은 색다른 체험이다. 스님과 함께 도량을 쓸고 있는데 옆에 있던 스님이 "많이 해 본 솜씨입니다."라고 말했다. 어렸을 때 아버지가 만든 대나무 빗자루로 마당을 쓸던 경험이 50여 년이 지났는데도 몸에 남아 있는 것이다. 그때 마당을 쓸고 나면 상쾌했던 기억이 어딘가에 있다가 툭 튀어나왔다. 그건 아마 불교에서 말하는 업력일 것이다.

지리산은 절을 품고 절은 지리산을 담다

남원 실상사 약수암

나무로 조각한 탱화

천양희 시인은 부안 직소폭포를 보고 나서 십여 년이 흐른 뒤에야 '직소포에 들다'란 시를 썼다. 강산이 한 번 변할 만큼 세월의 발효를 거쳐 시 한 편이 완성된 것이다. 작품 하나를 완성하는 데 그만큼의 시간이 걸리는 것은 아니지만 세월의 숙성 기간을 거친 작품은 남다를 것이다. 생각을 말로 표현하고 그것을 글로 쓰는 어려움을 보여 주는 일화다.

3개월 전 실상사를 방문했을 때 산내 암자인 약수암 보광전에 있는 목각아미타여래설법상(줄여서 목각탱 또는 목탱이라고 부른다.)을 보고 난 뒤 왠지 모르게 글이 써지지 않았다. 그때 본 목각탱은 문득문득 떠오르기를 반복했다. 그러다 시절인연이 되어 실상사에 하루 묵게 되었다. 숙제를 하듯 차를 타고 구불구불한 산길을 올라갔다. 얼마 전 내린 비로 잔돌이 깔린 흙길은 군데군데 물길을 내며 패여 있었다. 흔들리는 차에 의지해 2km 정도를 올라 약수암에 도착했다.

반가운 친구를 만난 것처럼 보광전으로 한걸음에 들어갔다. 3개월 만에 마주한 약수암 목각탱(木刻幀)은 여전히 그때의 모습으로 나를 반겼다. 3개월 전에 보았을 때는 아미타여래와 보살과 석가여래 제자들이 구분 없이 보였는데 지금은 개별적으로 어울려 보였다. 지금 보는 목각탱은 3개월 전 내가 본 목각탱이 아니었다.

실상사 약수암 보광전

약수암 목각탱의 정식 명칭은 '실상사 약수암 목각아미타여래설법상 (木刻阿彌陀如來說法像)'이다. 다른 절에 가 보면 불상 뒤에 있는 불화인 후불탱화(후불탱이라고도 부른다.)를 나무로 조각한 것이다. 후불

지리산은 절을 품고 절은 지리산을 담다

탱화는 대개 천이나 종이에 그린 그림을 족자나 액자 형태로 만들어 불상 뒤에 걸어 놓은 탱화(불화)를 말한다. 그런데 약수암 목각탱은 그림의 형태가 아닌 조각으로서 후불탱화의 기능을 하고 있는 탱화와 조각이 절묘하게 결합된 것이다.

현존하는 목각탱은 총 6점이 남아 있는데 시기적으로는 17세기에서 18세기 즉 조선 후기에 만들어졌다. 가장 이른 시기에 제작된 것은 '문경 대승사 목각탱(1675년)'이다. 그 후 '예천 용문사 목각탱', '상주 남장사 목각탱', '서울 경국사 목각탱', '상주 남장사 관음선원 목각탱'이 만들어졌고, '남원 실상사 약수암 목각탱'은 가장 늦은 시기인 1782년(정조6)에 만들어졌다. 무슨 연유인지는 몰라도 6점 중 4점이 모두 인근에 있는 문경, 예천, 상주에 있다는 점이 특징적이다. 6점 모두 아미타여래를 주존으로 보살과 여러 청중들이 극락세계에서 아미타여래의 설법을 듣는 '아미타여래설법도'의 형태로 조각되어 있다.

목각탱 6점 중 문경 대승사 목각탱은 국가문화유산 국보로, 나머지 5점은 보물로 지정되었다. 국보로 지정된 문경 대승사 목각탱은 원래 영주 부석사에 있었다고 한다. 그런데 당시 부석사의 사세가 기울어 목각탱을 봉안할 수 없게 되자 이 말을 들은 대승사 스님들이 절차를 거쳐 대승사로 옮겨 봉안하게 되었다. 그런데 훗날 이 목각탱의 소유권을 놓고 두 절의 스님 간에 분쟁이 일어나 순흥군수가 중재에 나섰지만 좀처럼 해결이 나지 않았다. 마침 부석사에서 불사가 있었는데 대승사에서 부석사에 많은 불사 기금을 주면서 잠정적으로 소유권 분쟁이 끝났다고 한다.

약수암 목각탱은 3개의 판목을 이어 붙여 불보살과 석가여래의 제자를 포함해 모두 11위를 조각하고, 테두리를 나무틀로 짜서 고정시켰다. 언뜻 보면 11위 불보살과 제자들을 목판에 조각한 것처럼 보이지만 중앙 하단 대좌 위에 앉아 있는 아미타여래는 따로 조각하여 붙여 다른 조각보다 앞으로 더 나오게 만들었다.

실상사 약수암 보광전 목각아미타여래설법상

하단에는 중앙의 아미타여래를 중심으로 왼쪽에는 관세음보살과 그 옆에 문수보살을, 오른쪽에는 대세지보살과 보현보살을 협시로 배치

지리산은 절을 품고 절은 지리산을 담다

했다. 상단 중앙에는 석가여래의 제자인 가섭존자와 아난존자를 좌우에 배치하고, 가섭존자 왼쪽에는 금강장보살과 미륵보살을, 아난존자 오른쪽에는 제장애보살과 지장보살을 차례로 배치했다.

양손을 모두 무릎 위에 올린 설법인(說法印)을 취하고 있는 아미타여래는 머리를 앞으로 약간 숙이고 어깨를 웅크리고 있다. 보살과 제자들은 모두 연화좌 위에 서서 연꽃과 정병 등을 들고 있거나 합장하고 있다. 상단에 있는 보살과 제자 사이에는 연꽃 속에서 지금 막 태어나고 있는 화생(化生) 장면이 조각되어 있다. 이는 중생의 근기에 따라 9단계로 서방 극락정토에 태어난다는 구품왕생(九品往生) 장면을 묘사한 것으로 보인다.

그런데 왜 17, 18세기에 이러한 아미타여래설법상이 만들어졌을까? 이 시기는 숭유억불 정책이 유지되던 조선 시대 중에서도 임진왜란과 병자호란이라는 전쟁 뒤였다. 당시 불교계는 억불 정책 속에서 명맥을 유지해야 했고, 피폐해진 백성들은 죽어서 극락세계에 가기를 염원했다. 이러한 상황 속에서 염불, 독경만으로도 극락세계에 왕생할 수 있다는 아미타 신앙은 백성들에게 큰 호응을 얻었다. 현재 사찰에 가보면 석가여래를 본존불로 모신 대웅전 다음으로 아미타여래를 본존불로 봉안한 극락전 또는 무량수전이 많은 것도 이와 깊은 연관이 있다.

약수암 목각탱은 18세기 시대적 상황을 반영하여 회화적인 요소와 조각적인 요소를 동시에 표현하여 조각한 창의적인 불교 조각이다. 최근에 일부 사찰에서 목각탱을 만들어 걸어 놓는 것은 조선 후기에 나타난 이런 흐름을 이어받은 것으로 보인다. 약수암 목각탱은 도난당한 적이 있어 원본은 금산사 성보박물관에 보관되어 있다. 지금 보광전에 있는 것은 원본을 본떠 새로 제작한 것이다.

시절인연이 무르익어서인지 약수암에 갔을 때 마침 스님에게 목각탱에 대한 설명을 들을 수 있었다. 3개월 동안 숙성 시간을 거친 생각들이 스님의 설명을 들으며 줄탁동시의 경험을 했다. 보는 눈이 어두운 내게 겨우 목각탱이 다가오기 시작했다.

지리산은 절을 품고 절은 지리산을 담다

남원 실상사 백장암

그곳에 가면 떠오르는 사람들

'그곳을 한 번도 안 가 본 사람은 있어도 한 번만 가 본 사람은 없다.' 우리가 보석처럼 발견한 곳을 말할 때 흔히 사용하는 상용구다. 내게 그런 곳 중 하나가 남원 실상사 부속 암자인 백장암이다.

백장암은 천년 고찰이다. 그 긴 세월 동안 소실과 중창을 거쳐 오면서 가람에 있을 것은 있지만 그렇다고 전각이 많이 있는 것은 아닌 절이다. 작은 규모로 최소한 필요한 것만 있는 절이랄까. 크지 않은 대웅전을 중심으로 그 앞에 연이어 석등, 불탑, 승탑이 있다. 대웅전 뒤쪽 언덕에는 선원이 있고, 대웅전 옆에 산신각이 있다. 산신각 아래에 요사채와 공양간이 있다. 적막할 것 같은 산사이지만 사부대중의 발걸음이 적지 않은 곳이다.

백장암은 지금 실상사의 부속 암자이다. 그런데 백장암은 홍척스님이 지실사란 이름으로 실상사를 창건했던 곳이다. 실상사는 홍척스님의 제자로 실상산문 2대조인 수철스님에 의해 지금의 자리로 옮겨 간 후, 조선 전기에 화재로 실상사가 전소되자 스님들이 다시 백장암으로 옮겨 왔다. 200여 년 후에는 백장암이 화재로 전소되자 200여 년 전 소실된 실상사 터에 실상사를 중창하였다. 그 후 언젠가 백장암이 중창되어 실상사의 부속암자가 되었다. 백장암은 화재로 전소되기 전에는 백장사로 절의 규모가 지금보다 컸던 것으로 보인다.

실상사 백장암

삼층석탑은 전체적인 균형감은 떨어진다. 기단석의 높이가 낮고, 1층 탑의 몸돌이 폭에 비해 높아 어색하게 보인다. 또한 2층, 3층 탑의 몸돌도 너비가 별로 줄어들지 않아 체감률이 비균형적이다. 그런데 자세히 보면 1층 몸돌에는 문을 지키는 사천왕상과 그의 권속들이 새겨져 있고, 2층 몸돌에는 악기를 연주하는 천인상, 1,2층 지붕돌 밑면에는 연꽃이 조각되어 있다. 3층 몸돌에는 부처님께 공양을 올리는 천인좌상, 3층 지붕돌 밑면에는 삼존불이 조각되어 있다.

구체적으로 보면 삼층석탑 1층 몸돌의 각 면에는 사천왕과 사천왕의 권속들이 함께 새겨져 있다. 남쪽 면에는 가운데에 문비 장식이 새겨져 있고, 문비 장식 양쪽에 남쪽을 관장하는 사천왕인 증장천왕과 그의 권속인 구반다가 새겨져 있다. 동쪽 면에는 지국천왕과 그의 권속인 건달바, 북쪽 면에는 다문천왕과 그의 권속인 야차, 서쪽 면에는 광목천왕과 그의 권속인 용이 새겨져 있다. 삼층석탑 2층 몸돌의 남쪽 면에는 생황, 동발을 든 주악천인상이 새겨져 있다. 동쪽 면에는 박판(拍板)을 든 주악천인상, 북쪽 면에는 향비파(鄕琵琶)를 든 주악천인상, 서쪽 면에는 배소(排簫), 요고(腰鼓)를 든 주악천인상이 새겨져 있다.

전체적으로는 균형감이 떨어지는 듯하지만 모든 몸돌과 지붕돌에 섬세하게 불교와 관련된 인물을 정교하게 새겨 놓았다. 불국사 석가탑, 다보탑 등 전체적인 균형감과 아름다움이 뛰어난 석탑들이 많지만, 백장암 삼층석탑처럼 불국토를 장엄하고 아름답게 표현한 석탑은 없다고 보인다. 과연 국보급 석탑이다.

실상사 백장암 삼층석탑

　대웅전 뒤쪽 언덕 위에 있는 백장선원은 스님들이 참선 수행 중이라 들어갈 수가 없다. 〈백장암〉이란 현판이 걸려 있는 백장선원은 백장암의 정체성과 같은 곳이다. 일반 대중이 들어갈 수 없는 곳에서는 화두를 들고 정진하는 수행승들이 있으니 선기가 느껴지는 곳이다.

　백장암이란 이름을 들으면 당나라 선승이었던 백장 회해스님 이름이 떠오른다. 백장회해는 '백장청규'라 부르는 선원청규를 제정하여, 선사를 율사로부터 독립시켜 선원에서 수행하게 하였다. 백장청규는 '하루 일하지 않으면, 하루 먹지 말라'는 말로 널리 알려진 선원 생활 중 지켜야 할 규칙이다. 백장청규는 구산선문이 전래될 때 들어와 우리나

　　　　　　　　　지리산은 절을 품고 절은 지리산을 담다

실상사 백장암 백장선원

라 선문에도 큰 영향을 끼쳤다. 백장암이란 이름이 언제부터 붙여졌는
지는 모르지만 백장 회해스님의 법호에서 따온 것이 아닐까 싶다.

이런 생각을 하고 있는데 주지 행선스님을 만났다. 다짜고짜 백장암
이름이 당나라 백장 회해스님의 법호를 따서 지은 것이 아니냐고 물었
다. "그렇게 알고 있다"고 하면서 환하게 웃었다. 나도 덩달아 "그렇구
나"라고 맞장구치며 기뻐 웃었다.

백장암을 둘러보다 종무소 겸 공양간 건물 앞 나무 아래에서 쉬고 있
는데 공양주 보살이 점심 공양을 하라고 한다. 낯선 사람한테 먼저 공
양하라는 말이 낯설지만 기분 좋게 들렸다. 절집 식구들과 함께 작은

공양간에 들어가 상추와 취나물을 포함해 맛깔나게 차린 절집 음식을 먹으며 환담을 나누었다. 밥 한 끼 참 맛있게 먹었다. 공양을 마치고 나오는데 비닐봉지에 싼 상추 한 묶음을 주며 가져가란다.

인연은 이런 것인가. '백장암' 하면 이제 그들이 떠오를 것이다. 천여 년 전 이곳에 선종 산문을 최초로 연 홍척스님, 석탑에 독창적인 상상력으로 사천왕상과 천인상 등을 조각한 석공, 환한 미소로 과객의 질문에 대답해 준 주지 행선스님과 공양하고 가라는 공양주 보살은 내게 백장암과 함께 기억되는 사람들이다. 천여 년 넘게 이어져 오는 향기였다. 삼층석탑에 새긴 사천왕, 천인들처럼 내 마음에 그들을 새기며 백장암을 내려왔다.

신중탱화 점안

폭염이 지리하게 계속 이어지는 팔월 중순 백장암 대웅전 불단 왼쪽에 봉안할 신중탱화 점안식이 있다는 소식을 듣고 불원천리 달려갔다. 가 보고 싶은 절인데 특별한 의식인 점안식이 있으니 무더위가 뭔 대수이겠는가. 본사인 실상사에서 하룻밤을 자고 아침 일찍 백장암으로 갔다. 주차장에 도착하자 승탑, 불탑, 석등, 대웅전이 일렬로 서서 반겨 주는 것 같다.

승탑, 불탑, 석등을 보자 반가워 요리조리 둘러보며 사진을 찍는데

지리산은 절을 품고 절은 지리산을 담다

특유의 웃는 모습을 한 주지 행선스님이 반갑게 인사하며 맞이해 주었다. 다른 절에서는 좀처럼 보기 힘든 장면이다. 전날 정성껏 끓였다는 수정과 한 컵을 받아들고 공양간 옆 느티나무 그늘에 앉았다. 대웅전부터 승탑까지 그 단순하고 단정하게, 그리고 독특하게 배치된 모습이 무소유의 구도자인 선승을 보는 것 같다.

대웅전 불단 왼쪽 벽에는 점안식을 기다리는 신중탱화가 흰 천으로 덮혀 있다. 점안식(點眼式)은 불화(탱화)나 불상을 새로 만들었을 때 마지막으로 눈을 그려 넣는 불교 의식으로 개안식(開眼式)이라고도 한다. 하나의 물질적 형상에 생명력을 불어넣는 불교 의식이다. 점안식을 통해 화가나 조각가가 제작한 불화나 불상은 진리의 가르침을 담은 성보로 태어난다. 점안식이 끝나면 불자들은 성보로 태어난 불화 앞에서 기도하고 참선하기 때문에 점안식은 성불을 향해 정진하겠다는 자기 다짐의 의식이기도 하다.

증명법사를 모시고 어장스님의 집전으로 점안식이 시작되었다. 먼저 게송과 경전을 독송하며 예경의 대상이 되어 줄 것을 발원하며 예배한다. 예배가 끝나면 신중탱화를 덮고 있던 흰 천을 걷어 낸 후 증명법사가 신중탱화를 향해 붓을 들고 눈을 그리는 모션을 취한다. 완성된 신중탱화이기 때문에 간접적으로 눈을 그려 넣는 모습을 하는 것이다. 이어서 신중탱화를 향해 거울을 비추고, 대중들에게 성수를 뿌려 준다. 마무리 예배를 하고 점안식은 끝난다.

신중탱화는 불법을 수호하는 호법신을 묘사한 불화로 법당 중앙의 불단 좌우 벽 중 한 곳에 봉안한다. 처음에는 화엄경에 나오는 39위(位)의 화엄신중을 그려 봉안했는데, 조선 시대에 이르러 불교가 민간신앙을 받아들여 융화시키는 과정에서 많은 토속신들이 신중탱화 속으로 들어와 화엄신중을 포함하여 104위 신중들을 그려 넣게 되었다. 이는 토속신앙이 불교에 습합되는 과정으로 당시 민중들의 염원이 불교에 반영된 의미로도 볼 수 있다.

점안식이 끝나고 증명법사를 맡았던 실상사 회주이신 도법스님의 법문이 이어졌다. 도법스님은 신중탱화 점안식을 거행한 목적은 '정법도량 백장암에 삿된 무리들이나 기운이 범접하지 못하도록 호법선신(護法善神)을 모신 것'이라고 사부대중에게 말씀해 주셨다. 점안식이 끝난 후 신중탱화를 그린 조이락 작가님을 통해 백장암 신중탱화에 대해 자세한 설명을 들을 수 있었다.

백장암 신중탱화는 전체적으로 상중하 3단으로 구성되어 있다. 상단에는 중앙을 기준으로 왼쪽에는 주악천녀 3위, 오른쪽에는 천동 3위를 배치했다. 주악천녀 왼쪽과 천동 오른쪽에 각각 4위씩 총 8위의 금강(청제재금강, 벽독금강, 황수구금강, 백정수금강, 적상화금강, 정제재금강, 자현신금강, 대신력금강)이 있다. 상단 맨 위쪽에는 법륜이 있고 그 오른쪽에는 천동이 들고 있는 인도 팔리어로 쓴 휘장이 있다.

중단 중앙에는 동진보살(위태천)이 있고 동진보살을 기준으로 좌우와 위쪽에는 15위의 호위무사가 촘촘하게 배치되어 있는데 10위의 남성 호위무사와 함께 5위의 여성 호위무사가 있다. 이러한 구성은 다른

지리산은 절을 품고 절은 지리산을 담다

실상사 백장암 신중탱화. ⓒ조이락

신중탱화에서 보기 어려운 도상 배치다. 왼쪽 호위무사 옆에 범천, 오른쪽 호위무사 옆에는 제석천이 있다. 범천 왼쪽에는 2보살(금강권보살과 금강색보살)과 일천자가 있고, 제석천 오른쪽에는 2보살(금강애보살과 금강어보살)과 월천자가 있다.

하단에는 아래쪽 중앙에 용왕이 있고 그 좌우에 구반다와 마후라가가 배치되어 있다. 구반다의 왼쪽에 족행신, 마후라가의 오른쪽에 도량신과 주야신이 있다. 족행신 왼쪽에 2위, 주야신 오른쪽에 2위 총 4

위의 사천왕이 칼, 용 등 지물을 들고 있다. 하단의 위쪽에는 중앙을 기준으로 왼쪽에 호계대신이 있고, 그 왼쪽에 주화신과 주공신이 배치되어 있다. 중앙의 오른쪽에는 복덕대신이 있고, 그 오른쪽에 주수신과 주약신이 있다. 이렇게 백장암 신중탱화에는 총 56위의 신중이 있다.

　조이락 작가는 조선 시대의 강하고 위협적인 신중탱화를 모본으로 하면서 고려 불화의 부드러운 모습을 가미하여 비단에 이 신중탱화를 그렸다고 한다. 그래서인지 전체적으로 부드럽고 친근한 느낌이 든다. 우연한 기회에 고려 시대 〈수월관음도〉를 본 이후 수월관음도 재현에 몰두한 조이락 작가의 화풍이 반영된 작품이다. 조이락 작가는 "밝은 색과 얼굴 바탕색은 뒤에서도 채색하는 배채법을 사용했고, 물감의 주재료는 석채(주사 석녹 석청)와 금니(금박 가루)를 사용하여 천여 년이 지나도 변색되지 않는다"고 했다.

　백장암 신중탱화에서 가장 독특한 부분은 상단 중앙에 있는 법륜과 천동이 들고 있는 휘장에 쓰여 있는 문구다. 불교가 성립되려면 불·법·승(佛·法·僧), 즉 삼보가 갖추어져야 하는데 석가모니 부처님의 깨달음으로 부처님[불(佛)], 가르침[법(法)]은 있는데 가르침을 따르는 제자[승(僧)]는 아직 없는 상태였다. 깨달은 부처님이 전법을 망설일 때 범천의 권청으로 과거 고행을 함께했던 5명의 비구에게 최초로 전법함으로써 가르침을 따르는 제자가 생겨 비로소 불법승이 갖추어졌다. 이 전법을 진리의 바퀴를 최초로 굴렸다고 하여 초전법륜이라고 한다. 초전법륜은 불교 탄생의 점안식을 거행하는 순간과 같았다. 그래서 신중탱화에 법륜을 그려 넣은 것이다.

실상사 백장암 신중탱화 상단에 그려진 법륜(가운데)과 연기송(왼쪽). ©조이락

휘장에 인도 팔리어로 쓰여 있는 게송은 "모든 법은 원인으로 생겨나며 그 원인을 여래는 설합니다. 그 원인이 소멸하는 것 또한 위대한 사문은 설하십니다."이다. 이 게송은 석가모니 부처님의 초전법륜으로 깨달음을 얻은 5비구 중 한 명인 앗사지(Assaji, 馬騰)가 석가모니 부처님의 10대 제자 중 지혜제일인 사리뿟따에게 말한 연기송(緣起頌)이다.

사리뿟따(Sāriputta, 舍利弗)는 앗사지가 읊은 이 게송을 듣고 순수하고 때묻지 않은 진리의 눈이 생겨난다. 사리뿟따는 같이 수행하던 마하목갈라나(Mahamogallāna, 大目犍連)에게 이러한 사실을 말하고 스승 산자야에게 함께 석가모니 부처님의 제자가 되자고 권유하였으나 스승은 거절하였다. 그래서 사리뿟따는 마하목갈라나, 그리고 산자야의 제자 250명과 함께 석가모니 부처님의 제자가 된다. 이 장면은 사문과 브라만들이 부처님의 제자가 되는 모습 중 가장 아름다운 장면 중 하나다.

사리뿟따와 마하목갈라나는 원래 스승 산자야 아래에서 수행하던 사문이었다. 스승의 가르침을 모두 체득해도 불사 즉 열반과 해탈에 이르는 진리를 깨닫지 못하자 두 사문은 불사를 가르치는 스승을 만나면 함께 그의 제자가 되기로 하고 그러한 스승을 먼저 안 사람이 서로 알려 주기로 약속을 했었다.

이러한 약속을 한 후 마침 사리뿟따가 라자가하(마가다국의 수도 왕사성)에서 걸식하던 앗사지를 먼발치에서 만나게 된다. 발우를 들고 걸식하는 앗사지의 평화롭고 편안한 모습과 밝게 빛나는 얼굴을 보고 사리뿟따는 숨이 멎는 듯한 느낌을 받는다. 사리뿟따가 걸식을 마친 앗사지에게 다가가 '당신의 스승은 누구이고, 무엇을 배웠는지'를 묻자 앗사지가 사리뿟따에게 휘장에 쓴 게송을 읊은 것이다.

점안식이 끝나고 허정스님은 이러한 내용을 설명하면서 "이번에 모시는 신중탱화에 이 아름답고 역사적인 순간을 대중스님들의 공의(公議)를 거쳐 넣게 되었다."고 그 배경을 대중들에게 설명했다. 그러면서 "이제 신중탱화도 시대에 맞게 그려 봉안함으로써 새롭게 불교문화를 만들어 가는 혁신적인 사고가 필요하다."고 강조했다.

백장암 신중탱화 점안식은 장엄하고 평화로웠다. 불교가 우리나라에 전래되며 대중의 마음이 반영되어 만들어진 신중탱화 속에 불교 탄생의 역사적인 순간의 모습을 그려 넣음으로써 새로운 경지를 개척했다. 백장암 신중탱화는 청정화합승가를 강조하는 대중공의를 거쳐 고려 불화 재현의 원력을 세우고 매진해 오는 작가가 함께 만들어 정법도량 백장암의 성보가 되었다. 점안식에 참석한 사부대중의 표정은 불볕더위에도 불구하고 밝고 부드러운 신중탱화처럼 밝았다. 라자가하에서 걸식하던 앗사지 비구의 모습을 닮아 가는 것 같았다.

함양 벽송사

조선 선불교 최고의 종가

함양 벽송사에 다녀온 지도 열흘이 지났다. 그동안 벽송사에 관한 글을 한 줄도 쓸 수 없었다. 벽송사에 배어 있는 아픈 역사 때문이었을까. 선종 종찰이 갖는 무게 때문이었을까. 통일 신라 말에서 고려 초 어느 때쯤 창건된 절로 알려진 벽송사는 언제인지 모르지만 폐사지로 되었다가 1520년 벽송 지엄스님이 중창하고 절 이름을 그의 법호를 딴 '벽송사(碧松寺)'로 지어 불렀다. 벽송사는 조선 시대에 벽송 지엄스님이 중창하였다고 하지만 벽송사 경내 안내판에는 실질적으로 창건했다고 기록해 놓고 있다.

그런데 벽송사는 6·25 한국 전쟁 때 전소되는 아픔을 겪었다. 그 후 원응스님이 1967년 주지로 와서 중창하였다. 원응스님은 벽송사 인근에 벽송사 암자인 서암정사를 창건하고 한국 전쟁 때 이곳에서 이념의

지리산은 절을 품고 절은 지리산을 담다

대립으로 희생된 사람들의 넋을 기렸다. 이쯤에 이르러 알게 되었다. 벽송사에 관한 기억을 늘 떠올리면서도 왜 글을 쓰지 못했는지를. 이제야 벽송사에 배어 있는 이야기를 조금 쓰게 되었다.

벽송사 표지석

벽송사는 남원과의 경계 부근에 있어 통일 신라 구산선문 최초 가람인 남원 실상사와 9km 정도밖에 떨어져 있지 않다. 실상사가 있는 남원 산내면에서 함양 마천면 방면으로 8km쯤 가면 한라산 탐라계곡, 설악산 천불동계곡과 함께 한국의 3대 계곡으로 불리는 칠선계곡 입구가 나온다. 그곳에서 왼쪽으로 난 길을 따라 지리산을 조금 오르면 벽송사와 서암정사로 가는 표지석이 나란히 있다. 그곳에서 왼쪽으로 가면 서암정사, 오른쪽 위로 오르면 벽송사가 나온다. 벽송사 오르는 길옆에 보탑을 들고 있는 사천왕상이 새겨진 벽송산문 표지석이 있다. 벽송사가 벽송산문을 형성하였던 사찰이라는 것을 알려 주는 표지석이다. 이 표지석이 벽송사의 일주문과 천왕문 역할을 하고 있다.

사찰에 오르는 길은 잘 포장되어 있어 차를 이용해 쉽게 갈 수 있다. 벽송사에 갔을 때 마침 울력하던 스님을 만나 벽송사에 대한 이야기를 들을 수 있었다. 벽송사가 터를 잡고 있는 자리는 풍수지리학상 금계포란형으로 지리산 천왕봉이 중봉, 하봉을 거쳐 벽송사를 감아 도는 형세라고 한다. 벽송사는 지리산의 좋은 기운이 감돌아 도인이 많이 나올 수 있는 지형이라는 것이다.

조선 시대 불상 파괴를 비롯해 사찰을 없애고, 승려를 환속시키거나 노비로 만들기도 하는 억불 정책 속에서 법맥이 단절되지 않고 이어지는 중심에 벽계 정심스님과 벽송 지엄스님, 그리고 벽송사가 있었다. 끊어질지도 모르는 법을 전하기 위해 김천 황악산 너머에 있는 물한리로 들어가 은둔하던 벽계 정심스님을 찾아간 사람이 벽송 지엄스님이었다.

벽송 지엄스님은 벽계 정심스님과 함께 살면서 나무를 해서 저잣거리에 팔아 양식을 구해 오는 등 절에서 해야 하는 온갖 궂은 일을 도맡아 했다. 시간이 날 때마다 법문을 들려줄 것을 간청했지만 벽계 정심스님은 '도란 멀리 있는 것이 아니다. 나무를 해 오면 알려 주지' 등의 말을 하며 법문을 들려주지 않았다. 3년의 세월이 흘러가자 벽송 지엄 스님은 더이상 벽계 정심스님에게 배울 수 없다고 여겨 행장을 꾸려 하산하였다. 이를 뒤늦게 안 벽계 정심스님이 뒤따라가서 '지엄아! 이제 진짜 법을 받아라'라고 하면서 주먹을 불끈 쥐어 내밀어 보였다. 그 순간 벽송 지엄스님은 활연대오, 즉 크게 도를 깨닫고 벽계 정심스님의 법을 이어받았다.

벽송사 원통전 벽송 지엄스님 진영

벽계 정심스님의 법을 이어받은 벽송 지엄스님은 이후 간화선 수행법으로 정진하였다. 벽송 지엄스님에 이어 부용 영관, 경성 일선, 청허 휴정, 부휴 선수, 송운 유정, 청매 인오, 환성 지안, 호암 체정, 회암 정혜, 경암 응윤 등의 선승으로 이어지며 법이 전해져 벽송산문을 형성하였다. 이렇게 벽송사는 간화선을 중심으로 수행한 선불교의 근본도량이 되었다. '벽송사 선방 문고리만 잡아도 성불한다'고 전해 오는 이야기가 허언이 아닌 듯하다.

한편 1704년(숙종 30)에 환성 지안스님이 벽송사를 크게 중수하면서 벽송사에 교학을 가르치는 강원이 개설되어 일제 강점기까지 지속되었다. 이로써 벽송사는 강원과 선원을 갖춘 이른바 총림사찰의 기능을 하였다. 그 결과 벽송사는 조선 후기 300여 년 동안 선교겸수의 중심도량이 되면서 선과 교를 겸수한 대종장들을 108명이나 배출하여 일명 '백팔조사 행화(行化)도량'이라고도 불렸다.

스님과 이야기를 나눈 뒤에 전각을 살펴봤다. 가람의 제일 아래 영역에는 요사채인 청허당과 안국당이 마주하고 있다. 중간 영역에는 선방인 벽송선원을 중심으로 좌우에 간월루와 종무소가 있다. 종무소 건물 측면에는 〈벽송사〉 현판이 걸려 있다. 벽송선원 뒤에는 법당인 원통전이 있다. 원통전 안에는 벽송 지엄스님의 진영이 봉안되어 있다. 원통전 뒤쪽으로 50여 미터 올라가면 벽송사 옛터가 있다. 오르는 길목에는 '도인송(道人松)'으로 불리는 수령 300여 년의 보호수가 있고, 옛 절터에는 삼층석탑과 승탑 3기가 있다.

〈벽송사〉 현판은 남룡 김용구가 썼다. 그는 일제 강점기 광주학생독립운동의 핵심 사건인 광주고보(현 광주일고) 2차 동맹 휴학을 주동하

지리산은 절을 품고 절은 지리산을 담다

여 수감되었다. 이를 계기로 광주고보 5학년을 중퇴하였다. 1934년 서예에 입문하여 허백련, 손재형, 송운회 등 남도 동국진체의 대가들을 사사하였다. 그는 자연스러움이 담겨 있는 글씨를 쓴 남도의 근현대를 대표하는 서예가이다.

벽송사 선원

〈지리산벽송사〉 현판과 그 아래에 〈벽송선원〉 현판이 걸려 있는 벽송사 선원은 금계포란형의 기운이 모이는 곳에 세워졌다. 그곳에서 참선을 하면 다른 곳에서 느낄 수 없는 기운을 느낀다고 처음 만난 스님이 말한 곳이다. 대개 사찰에서 선원은 법당과 좀 떨어진 곳에 있는데 벽송사 선원은 법당인 원통전 앞에 있어 다른 절에서는 흔히 볼 수 없는 가람 배치 구조로 되어 있다. 그만큼 이곳이 풍수지리상 명당의 기운이 있는 곳으로 여겨진다. 안거 기간이 아니니 선원을 볼 수 있는지 주지 스님에게 물어봤으나, 안 된다는 답이 돌아왔다. 명당 자리에서 좋은 기운을 받으려는 헛된 생각을 들킨 것 같았다.

벽송사 옛터인 삼층석탑에서 바라본 벽송사

원통전 뒤쪽으로 난 길을 올라 벽송사 옛터에서 내려다보면 아담하게 자리 잡은 벽송사가 한눈에 들어온다. 저 멀리 천왕봉이 보이는 것으로 보아 중봉, 하봉으로 이어지면서 지리산의 기운이 이곳으로 모이는 것처럼 보인다. 이곳에 있는 삼층석탑과 승탑만이 이곳이 선종의

지리산은 절을 품고 절은 지리산을 담다

종찰이었음을 묵언으로 증언하고 있다.

벽송사 미인송(우)과 도인송(좌)

옛 절터 끝에 있는 푸른 소나무 벽송(碧松)은 이를 긍정하듯 원통전과 선원을 향해 기울어진 채 서 있다. 소나무 옆에 서서 벽송사 전각들을 내려다보면 저 멀리 지리산 능선들이 너른 품으로 다가온다. '조계조정(曹溪朝庭), 벽송총림(碧松叢林), 선교겸수(禪敎兼修), 간화도량(看話道場)'이라고 불렸던 벽송사를 품고 있는 것처럼 보인다.

함양 서암정사

삼라만상이 인드라망처럼 연결되었네

벽송사와 서암정사는 특별한 관계에 있다. 벽송사의 부속암자로 '미타굴'이라 불리다 2018년부터 해인사의 말사가 된 서암정사는 벽송사 서쪽으로 600m 정도 떨어져 있다. 주차장에서 왼쪽으로 가면 서암정사, 오른쪽 위로 가면 벽송사가 나온다. 벽송사를 중창한 원응스님은 6·25 한국 전쟁 때 이념 대립으로 인해 죽어 간 영혼들을 위로하겠다는 발원을 하여 1989년에 서암정사를 창건하였다. 서암정사를 창건한 원응스님은 벽송사에서 서암정사로 거처를 옮겨 수행하다 입적하였다.

서암정사 입구에 가면 맨 먼저 두 개의 돌기둥을 만난다. 일주문은 아니지만 두 개의 돌기둥이 하늘을 지붕으로 삼아 떠받치고 있는 것 같다. 사각의 돌기둥 앞뒤에는 7언 4구의 문장이 새겨져 있다. 문장은 일주문에 새겨 놓은 주련처럼 보인다. 마침 돌기둥 옆에 문장을 해석한

지리산은 절을 품고 절은 지리산을 담다

안내판이 있다. 안내판을 보며 돌기둥에 새겨진 글자 하나하나를 새기면서 읽어 보았다.

수많은 강물 만 갈래 시내가 흘러
함께 바다로 돌아가니 한 물맛이네
삼라만상은 각각 별개의 형색인데
근원으로 돌아가니 원래 한 몸이네

百千江河萬溪流(백천강하만계류)
同歸大海一昧水(동귀대해일미수)
森羅萬象各別色(삼라만상각별색)
還鄉元來同根身(환향원래동근신)

　모든 존재가 인드라망 그물코처럼 서로 연결되어 있어 근원으로 돌아가면 한 몸이라는 뜻으로 읽힌다. 인간의 상상으로 만들어 낸 관념인 이념이 다르다는 이유로 서로 적대하면서 싸우다 죽어 간 영혼들을 위로하는 말 같다. 관념을 걷어 내고 모든 것들을 있는 그대로 보았다면 그런 비극은 없었을 것이다. 깨달음으로 가는 길목에 바로 관념이란 거대한 장벽이 가로막혀 있다. 그래서 불가에서는 그 관념을 걷어 내고 분별하는 망상을 버려야 깨달음을 얻을 수 있다고 끊임없이 가르치고 있다.

서암정사 돌기둥

　일주문 격인 두 돌기둥 사이로 들어가면 오른쪽에 〈원응대선사〉란 비명 아래 원응스님의 행적을 기록한 비가 세워져 있다. 비문은 원응스님의 출생과 출가, 벽송사를 중창하고 서암정사를 창건한 불사에 대해 자세히 기록해 놓았다. 비문은 국한문 혼용으로 쓰여 있다. 비문을 지나면 입구에 세워 놓은 돌기둥과 같은 모양의 돌기둥이 두 개 서 있다. 돌기둥 뒤 오른쪽 자연 바위에 사천왕상이 양각으로 새겨져 있어 이 두 돌기둥이 서암정사의 사천왕문인 셈이다.

　두 돌기둥 앞뒤 면에 각각 5언 4구의 문장이 새겨져 있다.

　　　　　　　　지리산은 절을 품고 절은 지리산을 담다

거룩하고 위대한 부처님께서
온 세상을 조화롭게 이끄시네
항상 적멸전에 머물러 계시면서
늘 밝은 빛을 비추네

摩訶大法王(마하대법왕)
調御三千界(조어삼천계)
恒住寂滅殿(항주적멸전)
常放大光明(상방대광명)

　사천왕은 수미산 정상에 있는 제석천을 섬기며 불법과 불법에 귀의하는 사람들을 수호하는 호법신이다. 서암정사 사천왕상은 경주 석굴암의 사천왕상을 본떠 조각했다고 한다. 돌기둥 쪽으로부터 검을 들고 있는 남방 증장천왕, 여의주를 들고 용을 데리고 있는 서방 광목천왕, 왼쪽 발치에 비파를 놓고 있는 동방 지국천왕, 오른손에 보탑을 들고 있는 북방 다문천왕 순으로 일렬로 배치되어 있다.

　사천왕문을 지나 좌우에 있는 사천왕상을 보며 걷다 보면 큰 석문이 앞에 나타난다. 아치형 문 위 바위에는 〈대방광문(大方廣門)〉 현판과 그 위에 〈비로궁((毘盧宮)〉이라는 현판이 음각으로 새겨져 있다. 대방광문 뒤쪽 위에는 〈화엄해회(華嚴海會)〉 현판이 새겨져 있다. 비로궁은 비로자나불의 궁전이고, 대방광문은 비로궁으로 들어가는 넓고 큰

문이라는 뜻이다. 그리고 화엄해회는 화엄의 바다에 모여든다는 의미다. 세 현판을 보아 대방광문은 화엄경의 교주이자 법신불인 비로자나불을 봉안한 비로전으로 들어가는 문이다. 비로전은 서암정사 경내 맨 뒤에 있다.

서암정사 대웅전

대방광문을 통과하면 갈잎큰키나무인 황목련이 있다. 목련꽃은 넓은 녹색 잎 사이에 수줍은 듯 피어 있다. 황목련이라 노란색인 줄 알았는데 실제 꽃을 보니 부드러운 흰색이 가미된 노란색이다. 수령이 꽤 오래된 듯한 목련이 절 안에 있어 보리수가 있는 듯한 느낌을 준다. 황목련 옆에는 스님의 수행 공간인 작은 토굴이 조성되어 있다.

지리산은 절을 품고 절은 지리산을 담다

토굴을 지나면 대웅전이 있다. 2013년에 완공된 대웅전은 '아(亞)' 자형 뼈대에 중층의 겹처마 양식으로 금단청을 하여 화려하다. 대부분 전각이 팔작지붕이나 맞배지붕인 점을 고려하면 훗날 문화유산으로 지정될 만한 가치가 있다고 보인다. 내외부 벽 등이 부처님을 상징하는 황금색으로 되어 있어 색다른 느낌을 준다. 주련도 다른 절과 달리 황금색으로 쓰여 있다.

> 부처님은 온 누리에 충만하사
> 널리 모든 중생 앞에 나타나시네
> 인연 따라 감응하여 두루하시며
> 항상 진리의 자리에 항상 머무시네

> 佛身充滿於法界(불신충만어법계)
> 普現一切衆生前(보현일체중생전)
> 隨緣赴感靡不周(수연부감미부주)
> 而恒處此菩提座(이항처차보리좌)

『화엄경』 '여래현상품'에 나오는 글귀다. 칠불사 대웅전 주련에도 걸려 있는 이 주련은 부처님의 몸을 표현하는 글 중 으뜸가는 게송이다. 보리좌(菩提座)는 부처님이 항상 계시는 곳으로, 인도 보드가야의 보리수나무 아래 금강보좌를 말한다. 부처님의 몸은 보리수나무 아래에

서 깨달음을 성취함으로부터 시작한다. 그래서 부처님의 몸은 그 보리
좌를 떠나서는 이야기할 수 없다.

극락정토에 왕생하시게

대웅전을 지나 왼쪽 위로 조금 오르면 극락전이 있다. 극락전은 석굴
법당으로 원웅스님이 서암정사를 창건하게 된 것과 밀접한 관련이 있
는 전각이다. 극락전 앞 안내판에 서암정사 극락전을 조성하게 된 경
위가 자세히 기록되어 있다. 원웅스님은 비극의 자취가 남아 있는 이

서암정사 극락전

지리산은 절을 품고 절은 지리산을 담다

곳을 지나다가 이유 없이 비참하게 죽어 간 원혼들의 비탄 어린 울부짖음을 비몽사몽간에 듣고 이 모든 일이 인간의 끝없는 이기심과 탐욕의 공동 과보임을 절감하였다고 한다.

그래서 원응스님은 이들의 원혼을 달래기 위하여 끝없이 기도하면서 "이곳에서 희생되어 원한에 사무쳐 방황하는 무수한 고혼들이 하루 속히 증오의 괴로움에서 벗어나고 나아가서는 조국 분단의 비극이 속히 종식되며 더 나아가서는 모든 인류가 부처님의 광명 안에서 평화를 누리는 극락정토의 세계를 이루게 하리라."고 발원하였다.

극락전은 1989년 6월부터 자연 바위에 굴을 파고 들어가 만들었는데 12년에 걸친 공사 끝에 2001년에 완공했다. 극락전에 들어가는 문은 두 개다. 〈극락전(極樂殿)〉 현판이 새겨져 있는 정남향의 정문은 스님들의 출입구이고, 〈안양문(安養門)〉 현판이 새겨진 서남향의 협문은 일반 대중들이 출입하는 문이다. 안양은 극락을 의미하니 이 문을 통해 극락정토로 들어가게 된다. 안양문은 두 개의 돌기둥 위에 둥근 현판석을 올려놓은 구조로 되어 있다.

두 돌기둥에는 주련이 새겨져 있다. "생각 생각 아미타불 염원하며/ 걸음 걸음 극락에 들어가소서[염념미타불/ 보보안양국 // (念念彌陀佛/ 步步安養國)]." 안양문 오른쪽에는 바위에 관세음보살상이 조각되어 있고 그 옆에 글귀가 새겨져 있다. "관음보살 대 의왕께서/ 끝없이 감로수를 주시네[관음대의왕/ 무진감로수 // (觀音大醫王/ 無盡甘露水)]." 현세의 고난에서 벗어나고픈 마음은 관세음보살, 죽어서 극락에

서암정사 극락전 아미타삼존불

가기를 염원하는 마음은 아미타불을 칭명하는 중생들의 마음이 잘 드러난 게송이다.

주련의 의미를 새기며 안양문을 통과해 석굴 내부로 들어가면 동남 서북 사유 상하 이른바 시방세계를 불경 속 극락정토로 구현해 놓았다. 아미타불과 지장보살을 위시하여 미타회상의 무수한 불보살을 장엄하게 조각한 모습이 보는 이를 압도한다. 중앙에는 본존불인 아미타불을 중심으로 좌우에 관세음보살과 대세지보살이 협시로 봉안된 아미타삼존불이 있다. 그리고 팔보살, 제석천, 범천, 십대제자, 법장비구 등의 불보살과 구름과 물결, 그리고 십장생을 비롯한 갖가지 동식물과

지리산은 절을 품고 절은 지리산을 담다

연꽃 등이 조각되어 있다.

수많은 불보살을 보면서 자연의 바위에 굴을 파고 들어가 극락정토를 하나하나 새긴 석공과 원응 구한스님이 떠올랐다. 원응스님은 간절한 발원이 원만히 이루어지도록 1985년부터 아교에 개어 만든 금박 가루[금니(金泥)]로 화엄경 사경을 시작했다고 한다. 화엄경 전문을 한지에 쓰는 데 4년, 감지 닥종이를 그 위에 덧대고 금니로 다시 쓰는 데 6년, 마무리에 5년, 총 15년에 걸쳐 약 60만 자로 이뤄진 〈금니화엄경(金泥華嚴經)〉이 완성됐다. 〈금니화엄경〉은 병풍형 책자 형태로 80권이며 전체 길이는 1,300m에 이른다고 한다. 글씨를 쓰는 데 닳은 붓이 60자루라고 한다. 이외에도 화엄경 먹사경, 금강경보탑 사경 등 많은 사경을 했는데 지금 대웅전 아래 사경전시관에 보관되어 있다.

극락전을 비롯한 석조 전각들의 조각은 홍덕희를 비롯한 이금원, 이승재, 이종원, 이인호, 맹갑옥 등 석공들의 작품이다. 특히 홍덕희는 서암정사에서 10년 이상 머물면서 극락전을 비롯해 사자굴의 모든 조각을 마무리했다고 한다. 황룡사구층목탑을 세운 백제의 아비지처럼 널리 알려진 장인도 아니고, 이른바 무영탑이라고도 불리는 불국사 석가탑을 쌓은 백제의 석공 아사달과 그의 아내 아사녀에 얽힌 애틋한 설화의 주인공도 아니지만 그들의 지극한 정성과 노력이 지금의 서암정사를 만들어 놓았다.

극락전이 세계적으로 이름난 인도의 아잔타석굴이나 중국의 둔황석굴, 용문석굴에 비할 바는 아니지만 원응스님의 간절한 발원이 구현된 극락정토는 이곳을 방문하는 사람들에게 큰 감동을 줄 것이다. 경주 석굴암이 왕명에 의해 김대성이 전생의 부모를 위해 수많은 사람들의 정성과 노력에 힘입어 완공했다면, 극락전은 원응스님이 이곳에서 죽어 간 많은 원혼들을 위로하기 위한 대원력으로 대불사가 이루어졌다는 점에서 그 의미가 크고 깊다.

극락전을 보고 나오며 석굴 한쪽 석판에 새겨져 있던 7언 4구의 글귀를 떠올려 보았다.

내가 염주를 잡고 법계를 보니
진리가 줄로 꿰이지 않은 곳이 없네
평등한 노사나불이 어느 곳이든 계시겠지만
극락에서 아미타불을 찾아보려 하네

我執念珠法界觀(아집염주법계관)
虛空爲繩無不貫(허공위승무불관)
平等舍那無何處(평등사나무하처)
觀求西方阿彌陀(관구서방아미타)

지금 나에게 극락정토는 어디일까. 손목에 찬 염주를 굴리며 비로선을 향해 갔다.

지리산은 절을 품고 절은 지리산을 담다

범종 소리 온 누리에 퍼지면

비로전에 오르는 길목에 용왕단이 있다. 용왕단을 지나 오른쪽으로 오르면 아치형 석문이 나온다. 문 위에는 〈광명운대(光明雲臺)〉라는 현판이 있다. '부처님의 밝은 빛이 구름처럼 모여 있는 곳'이라는 뜻이니 비로자나불을 봉안한 문이다. 문을 들어가면 문 안쪽 위에 〈법계관(法界關)〉 현판이 있고 문 좌우에는 주련이 새겨져 있다. "가고 다시 오는 것은 끝이 없으나/ 움직임과 고요함이 근원은 같다네[왕복무제/ 동정일원 // (往復無際/ 動靜一源)]."

서암정사 비로전 비로자나삼존불

비로전도 자연 바위에 비로자나불을 중심으로 좌우에 문수보살, 보현보살을 봉안하고 두 보살 사이에 선재동자를 조성하여 극락정토와 화엄 세계가 서로 조화롭게 혼용한 화엄정토의 도량을 구현하였다.

비로전에서 서암정사를 내려다보았다. 수많은 마애불보살들이 파노라마처럼 기억에서 되살아났다. 서암정사는 다른 사찰과 달리 일주석을 통과해 비로전까지 오는 동안 자연 바위에 새겨 놓은 수많은 불보살을 만날 수 있다. 온 도량이 불교의 화엄 세계를 상징하는 갖가지 마애불로 채워져 있다. 서암정사를 가리켜 '지리산에 펼쳐진 화엄의 세계'라고 부르는 것이 이해된다.

서암정사 범종루

지리산은 절을 품고 절은 지리산을 담다

비로전에서 내려와 범종루를 보았다. 〈범종루〉 현판 왼쪽에는 〈태고청풍(太古淸風)〉 현판이 걸려 있다. '태고의 맑은 바람이 부는 곳'이란 뜻이겠다. 서암정사는 벽송사를 중창한 원응스님이 창건했고, 해인사의 말사가 되기 전까지 벽송사의 부속암자였다. 그래서 벽송사와 함께 서암정사는 태고적부터 이어져 내려온 선풍의 기운과 지리산의 맑은 바람이 묘하게 어우러져 부는 곳이 아닐까 싶다.

범종에는 원응스님의 서암정사 창건 발원 내용이 양각으로 새겨져 있다.

원컨대 이 종소리 온 세상에 두루하여
철의 성과 어두움 모두 밝히리
우리 조국 남북통일 속히 성취하고
세계가 평화롭고 온 인류는 즐거우며
자비광명은 더욱 빛나 온 세상에 두루하여
법의 바퀴 항상 굴러 끝이 없어라

이 발원은 주련에도 써서 걸어 놓았다. 대개 사찰의 범종에는 위 1, 2연에 이어 3, 4연을 "삼악도(지옥, 아귀, 축생)의 고통을 여의고 도산지옥 무너지며/ 모든 중생 바른 깨달음 이루어지이다."라고 새겨 놓는다. 그런데 서암정사 범종에는 이 3, 4연 대신에 '남북통일과 세계평화' 발원을 새겨 놓고, 5, 6연을 추가하여 "자비광명은 더욱 빛나 온 세상에 두루하여/ 법의 바퀴 항상 굴러 끝이 없어라"고 새겨 놓았다.

서암정사 범종에는 위 내용에 이어 "6.25 한국 전쟁으로 인하여 이 강토에 희생된 사람과 지리산 주변에서 희생된 원혼들과 이 도량 내외 유주무주 고혼들은 원한과 미움 모두 여의고 다함께 아미타불 큰 원의 바다에 들게 하소서."라고 서암정사를 창건하게 된 발원 내용을 구체적으로 새겨 놓았다. 스님은 범종에 새겨진 발원이 이루어지라는 소망을 품고 범종을 칠 것이다.

서암정사를 순례하며 원응스님이 왜 서암정사라고 절 이름을 지었을까 궁금했다. 혹시 벽송사의 '서쪽에 있는 암자'란 뜻으로 서암(西庵)이라고 했을까. 실제로 서암(西庵)으로 쓴 자료도 있다. 벽송사의 암자였다가 서암정사로 바뀌면서 한자 명칭이 혼용된 듯하다. 정식 명칭인 서암정사(瑞巖精舍)는 부처님의 성스러운 기운[서(瑞)]이 바위[암(巖)]에 조각되어 있다는 뜻으로 지었을 것 같다. 수많은 마애불보살을 보면서 든 생각이다.

서암정사는 수많은 불보살을 자연 바위에 새겨 극락정토와 화엄세계를 구현하였다. 주불전인 석굴 법당 극락전에 아미타불과 지장보살을 위시하여 미타회상의 무수한 불보살을 조성하여 극락정토를 구현했다. 극락전 위쪽 제일 마지막에는 비로전을 조성하여 화엄회상을 구현했다. 이렇게 서암정사는 사천왕상을 지나 대방광문을 통과하면 극락정토와 화엄세계가 조화롭게 혼융된 화엄정토가 펼쳐진 도량이다. 서암정사 범종소리가 시리산에 울려 퍼질 때 수많은 원혼들이 제도되길 발원한다.

　　　　　　　　지리산은 절을 품고 절은 지리산을 담다

함양 금대암

지리산 천왕봉 제일 조망지

금대암을 보게 된 건 입구에 있는 표지석 때문이었다. 함양과 남원 경계선 쯤에 있는 금대암 입구에 있는 〈금대암 천왕봉제일전망대〉와 〈지리방장제일금대(智異方丈第一金臺)〉라고 새겨져 있는 표지석이 나를 유혹했다. 표지석에 쓰여 있는 '지리', '방장', '금대'는 금대암을 상징하는 말들이다. '지리'는 지리산에 있는 사찰, '금대'는 지리산의 다른 이름인 방장산에 있는 사찰이란 의미로 보인다. 그런데 '금대'라는 말은 그 의미가 무엇인지 궁금하게 만든다. 금대암에 오르면 지리산 최고봉을 조망할 수 있다니 사람들의 눈길을 사로잡기에 충분하다.

전국 명산을 오르던 20여 년 전 등산 덕후 지인과 함께 세 명이서 지리산 최고봉인 천왕봉을 올랐다. 그 이전에도 노고단 등 지리산 낮은 봉우리는 몇 번 올랐지만 천왕봉은 그때 처음이자 마지막으로 오른 나에게는 기념비적인 등산이었다. 노고단을 거쳐 평지처럼 오르던 지리산 능선은 가도가도 끝이 없는 길이었다. 산장에서 하룻밤을 자고 오르는 천왕봉 길은 안개와 비로 인해 쉽게 접근을 허락하지 않았다. 악전고투 끝에 천왕봉에 올랐을 때는 천하의 제일 높은 봉우리에 오른 기분이었다.

금대암 표지석인 〈지리방장제일금대〉

금대암 표지석을 지나 시멘트로 포장된 가파른 산길을 2.5km 정도 오르면 금대암에 이른다. 금대암에 도착하여 그 앞에 펼쳐진 지리산 능선을 보는 순간 막혔던 가슴이 확 트이는 것 같았다. 저 멀리서 완만한 둥근 원을 그리며 조금씩 봉긋하게 솟아 있는 봉우리들은 고봉이라

지리산은 절을 품고 절은 지리산을 담다

기보다는 올망졸망 어깨동무를 하고 있는 것처럼 보였다. 금대암 무량수전과 나한전에 들어가기 전에 천왕봉부터 찾아보았다.

금대암에서 바라본 지리산 영봉 | 전나무에서 오른쪽 세 번째 봉긋하게 솟아 있는 봉우리가 천왕봉이다. 맨 앞에 크게 보이는 산은 창암산이다.

지리산 영봉들을 조망하는 시야에 큰 전나무가 들어왔다. 금대암 전나무로 알려져 있는 이 전나무는 1430년(세종 12) 경에 천태종 판사도 대선사가 금대암을 다시 지을 때 심은 것으로 전해 오고 있으니 수령이 600여 년으로 추정된다. 높이는 약 40m, 둘레는 2.9m 정도로 국내에 현존하는 전나무 중 가장 크고 또 오래되었다고 한다. 지리산 천왕봉을 가릴 정도이니 크기가 어느 정도인지 보지 않고서도 가늠이 될 것이다. 처음에는 두 그루가 있었으나 2,000년에 벼락을 맞아 한 그루는 고사하여 지금은 한 그루만 올곧게 서 있다.

전나무가 시야를 가려 자리를 옮겨 가며 여러 봉우리를 보는데 전나무가 기준선처럼 보였다. 마침 주지 스님이 옆에 있어 "스님은 지리산을 매일 보니 좋겠습니다."라고 덕담을 하니 주지 스님은 "지리산 천왕봉이 점점 낮아지는 것 같습니다."라고 말하지 않는가. 옆에 있던 불자가 "도를 많이 닦으시더니 천왕봉이 낮게 보이는가 봅니다."라고 추임새를 넣었다. 셋이서 한바탕 웃었다. 불교에서 '금'은 부처님을, '대'는 앉는 자리를 의미하니 금대암은 부처님이 앉는 자리라는 뜻이다. 주지 스님은 금대암이 그런 곳이라는 걸 은연 중에 자랑한 것이 아닐까 싶다.

과연 명당이로다

금대암(金臺庵)은 656년(신라 태종무열왕 3) 행우스님이 창건하였다. 통일 신라 말 도선국사가 나한전을 지어 중창하며 나한도량으로 알려졌다. 고려 시대 보조국사 지눌, 조선 시대 서산대사가 수행하였다고 전해 온다. 1950년 6·25 한국 전쟁 때 소실되었다가 금대암 복구 기성회가 조직되어 중건되었다.

조선 시대 김일손은 지리산을 유람하다 금대암을 둘러보고 "당시 20여 명의 스님들이 수행 정진하고 있다"고 기행록에 썼다고 한다. 또한 금대암은 뇌계 유호인의 "잘 있느냐 금대사야 송하문이 옛날 같구나. 송풍에 맑은 꿈 깨어 문득 잠꼬대를 하는구려"라는 시에도 등장한다.

가파른 산 절벽에 터를 잡아 무량수전 앞은 다른 절과 달리 마당이라고 할 만한 공간이 없다. 편도 일차선 도로의 폭 만큼의 좁은 공간이다. 주지 스님의 말에 의하면 앞으로 축대를 쌓아 마당을 넓힐 계획이라고 한다. 무량수전 안에는 전각 이름에 맞게 아미타여래 좌우에 관세음보살과 대세지보살이 협시로 봉안되어 있다. 아미타여래 뒤에는 아미타여래 주위로 보살과 사천왕이 그려진 후불탱화가 걸려 있다. 왼쪽에는 1785년(정조9년)에 조성된 신중탱화가 걸려 있다. 기록에 의하면 1785년(정조 9)에 조성되었다.

무량수전의 주불인 아미타여래는 관세음보살, 대세지보살과 함께

금대암 무량수전

금빛 연화대, 즉 '금대'를 가지고 와서 공덕이 높은 망자를 태워 데려갔다고 한다. 살아 있을 때 지은 공덕이 높은 자를 금대에 앉혔다는 뜻이리라. 금대란 이름이 먼저 있었고 그 터에 금대와 관련된 아미타불을 봉안한 무량수전을 지었는지 아니면 무량수전을 짓고 이곳을 아미타불과 관계된 금대라고 했는지 확실치 않지만 금대와 무량수전은 묘하게 어울리는 이름이다.

무량수전에는 전서체로 쓴 주련이 걸려 있다. 생로병사 등 인간의 근원적 괴로움을 없애는 진리를 찾기 위해 수행 정진하여 깨달음을 얻고 평생 동안 중생의 괴로움을 없애기 위해 설법하신 부처님을 찬탄하는 내용이다.

부처님의 광명 온 천지에 비추시어
형색 모양 가없어 지극히 청정하시네
구름이 온 땅 위에 충만하듯이
곳곳에 부처님 공덕 찬탄하네
광명이 비치는 곳마다 넘치는 환희
중생의 고통 씻은 듯 없애시도다.

佛身普放大光明(불신보방대광명)
色相無邊極淸淨(색상무변극청정)
如雲充滿一切土(여운충만일체토)

지리산은 절을 품고 절은 지리산을 담다

處處稱揚佛功德(처처칭양불공덕)
光相所照咸歡喜(광상소조함환희)
衆生有苦悉除滅(중생유고실제멸)

　무량수전을 나와 왼쪽 위로 나 있는 돌계단을 오르면 나한전 옆에 〈나무아미타불〉이 새겨진 너럭바위가 있다. 이 너럭바위는 고려 중기 진각국사가 금대암에 머물며 수행 정진했던 곳이다. 고려 16국사 중 보조국사 지눌에 이어 2대 국사였던 진각국사는 1208년 보조국사가 송광사 사주를 맡으라고 하자 스승이 살아 계신데 사주를 맡을 수 없다며 금대암으로 들어와 수행 정진했는데, 그때 이 너럭바위는 진각국사가 삼매에 드는 좌선처였다고 한다.

　진감국사비의 내용에 의하면 이 '너럭바위 위에서 좌선할 때 눈이 내려 이마가 묻힐 때까지 삼매에 들어 동요가 없는 모습이 마치 겨울 고목과 같았다. 사람들은 그가 죽었는지 살았는지 궁금하여 몸을 흔들어 볼 정도였다'고 한다. 계단을 올라 좌우로 넓은 평상 모양의 너럭바위 위를 보면 좌선을 하기에 안성맞춤이란 생각이 든다. 그리고 이곳에 앉아 시선을 정면에 두면 금대암 앞쪽에 있는 창암산 뒤 저 멀리에 구불구불 이어지는 지리산 영봉들이 아득하게 보인다. 너럭바위는 지리산 영봉들을 조망하기에 최고의 명당 자리이다.

금대암 너럭바위

    너럭바위 오른쪽에 도선국사가 이 터를 발견하고 3일 동안 기뻐하며 중건했다는 나한전이 있다. 그래서인지 금대암은 주불전이 무량수전인데도 나한 기도 도량으로 널리 알려졌다. 나한전 내부에는 5위의 석조나한상이 있고 그 뒤로 검은 바탕에 윤곽만 그린 꼭 판화 형식의 탱화가 걸려 있다. 좌우 벽에는 칠성탱화와 산신탱화를 걸어 놓고 〈칠성각〉, 〈산신각〉 현판을 걸어 놓았다. 좁은 부지에 전각을 지을 수 없는 현실을 반영한 것으로 보인다.

    나한전 기둥에는 1989년 제1회 대한민국 서예대전에서 대상을 수상한 일사 석용진이 목간 예서체로 쓴 주련이 걸려 있다.

지리산은 절을 품고 절은 지리산을 담다

흰 구름 맑은 바람 스스로 오가는데
서산에 해지자 동녘에 달이 뜨네
천 개의 강물에 천 개의 달이 뜨고
만 리에 구름 없어 만 리가 푸른 하늘이네

白雲淸風自去來(백운청풍자거래)
日落西山月出東(일락서산월출동)
千江有水千江月(천강유수천강월)
萬里無雲萬里天(만리무운만리천)

금대암 나한전

나한전 뒤에는 큰 바위가 웅장하게 자리를 차지하고 있다. 조용헌은 '이 바위가 금대암 터에 에너지를 주고 있고, 금대암 앞쪽에 우뚝 솟아 있으면서도 지리산 영봉들의 조망을 방해하지 않는 창암산이 금대암 터의 에너지를 보호하고 있다'면서 금대암이 있는 자리가 천하명당이라고 한다.

이 바위와 나한전 사이의 암반 위에 삼층석탑이 있다. 몸돌에는 별다른 장식을 하지 않고 크기도 작아 단순 소박하게 보인다. 상륜부에는 장식을 받치는 받침대인 노반이 맨 아래에 있고 그 위에 발우를 엎어 놓은 모양의 복발, 위로 핀 연꽃인 앙화, 바퀴 모양의 덮개 등이 있다. 전문가들은 탑의 양식으로 볼 때 창건 당시에 만든 것이 아니라 조선 시대에 제작된 것으로 추정하고 있다.

보조국사 지눌이 금대암과 가까운 곳에 있는 상무주암에서 수행 정진하여 깨달음을 이루고 그의 제자 진각국사는 금대암에서 수행 정진하여 삼매에 들었으니 수행하기 좋은 명당이 있다는 말이 허언이 아닌 듯하다. 하지만 천하 명당에 있더라도 간절한 발원과 치열한 정진이 뒷받침되어야 득도할 수 있다.

해발 800여 미터 벼랑에 터를 잡은 금대암에 오르면 무량수전과 나한전을 보고 천연 좌대인 너럭바위에 올라가 천왕봉을 비롯해 지리산 영봉들을 조망하는 호사를 누려도 좋겠다. 금대라는 이름이 부처님이 앉는 연화대나 아미타여래가 공덕이 높은 자를 데려와 앉힌다는 곳을 가리키니 너럭바위에 앉아 잠시라도 좌선에 들면 조망 그 이상의 의미가 있을 것이다. 우리가 세상을 인식할 수 있게 통로 역할을 하는 눈, 귀, 코, 혀, 몸, 마음의 여섯 가지 감각 기관을 통해 일어났던 번뇌가 그 순간만이라도 없어지고 평안을 얻지 않겠는가.

함양 안국사

국태민안을 기원한 절

사찰 기행을 하다 보면 제일 먼저 만나는 것이 사찰의 이름이다. 특정한 말이 공통으로 들어간 사찰들이 있다. 봉은사, 봉원사, 봉선사처럼 받들 '봉(奉)' 자가 들어간 사찰이나 불국사, 흥국사, 봉국사처럼 나라 '국(國)' 자가 들어간 사찰들이 그 예다. '봉' 자가 들어가면 대개 왕이나 왕비가 죽은 후 묘를 관리하거나 명복을 빌 목적, 즉 받들어 모시기 위해 지은 능침사찰이다. '국' 자가 들어간 사찰은 나라의 태평성대를 기원하기 위해 세운 호국사찰이다. 이러한 사찰들이 억불 정책을 폈던 조선 시대에 많았는데, 참으로 아이러니한 일이다.

또한 수많은 사찰이 있다 보니 이름이 같은 사찰도 많다. 그중 하나가 안국사(安國寺)다. 안국사에는 편안할 '안(安)' 자와 나라 '국(國)' 사가 들어 있으니 나라의 평안을 빌 목적으로 지은 사찰처럼 보인다. 당진 안국사, 무주 안국사, 그리고 함양 안국사 등은 국태민안(國泰民安)을 기원하기 위해 지은 사찰로 알려져 있다.

함양 안국사는 656년(신라 태종무열왕 3)에 행우스님이 금대암과 함께 창건했다고 전해 온다. 이후 사찰이 쇠락하자 1430년(세종 12)에 행호스님이 금대암과 함께 중창하였다. 임진왜란 때 사찰이 소실되었다가 다시 지어졌다. 6·25 한국 전쟁으로 다시 전소되었다가 1995년부터 주지 성후스님에 의하여 중창되어 지금에 이르고 있다. 안국사와 금대암은 창건과 중창이 같은 스님에 의해 이루어졌고, 금대암은 안국사의 부속 암자였다. 하지만 지금은 안국사보다 금대암이 더 많이 알려져 있다. 진입로에 있는 표지석이 그걸 말해 준다.

함양 안국사로 오르는 진입로에는 〈금대암 안국사〉라는 표지석이 있지만 그 옆에 〈금대암 천왕봉제일전망대〉와 〈지리방장제일금대〉 표지석이 있어 금대암만 가보고 그냥 내려가기 쉽다. 함양 안국사는 금대암 오르는 길 중간쯤에서 왼쪽으로 300여 미터 가파른 길을 오르면 나온다. 두 절이 갈라지는 길 옆에 나란히 두 절의 표지석이 있다. 지리산 자락에 있는 금대산(852m) 정상 부근에 금대암이 있고 그 아래쪽에 안국사가 있는 셈이다.

주차장에 도착하기 직전 길 왼쪽에 부도전이 있다. 오른쪽부터 금송당, 서상대사, 행호조사의 승탑이 나란히 있다. 전문가들은 두 번째에 있는 승탑은 받침돌, 몸돌, 지붕돌이 모두 8각으로 되어 있어 통일 신라 시대의 승탑 양식을 계승한 고려 시대의 것으로 보고 있다. 세 번째와 네 번째에 있는 행호스님의 승탑에는 사리와 유골을 안치하였는데 비석 모양으로 된 것이 특이하다.

안국사 무량수전

안국사의 주불전은 무량수전이다. 안에는 아미타삼존불과 후불탱화가 봉안되어 있고 왼쪽에는 신중탱화가 있다. 아미타불은 구품인 중엄지와 중지를 맞대고 있는 중품하생인을 취하고 있다. 무량수전 옆에는 심검당 등 새로 지은 전각들이 있다. 무량수전 주련에는 화엄경 여래현상품에 있는 게송이 쓰여 있다.

부처님의 몸은 법계에 충만하시어

일체 중생 앞에 널리 나타나시니

인연 따라 두루 감응하시며

항상 이 보리좌에 앉아 계시네

佛身充滿於法界(불신충만어법계)

普現一切衆生前(보현일체중생전)

隨緣赴感靡不周(수연부감미부주)

而恒處此菩提座(이항처차보리좌)

　부처님의 몸, 곧 법신(法身)은 이 우주 법계 곳곳 그 어디에도 계시지 않은 곳이 없다. 그래서 모든 중생 앞에 언제나 법신의 진리를 드러내고 있다. 인연 따라 일체 모든 것들에 응해 몸을 나타낸다. 그래서 우리 눈에 보이는 모든 존재 현상들은 모두 진리가 드러난 것이다. 다만 중생이 모든 것들에 대해 좋고 싫다, 옳고 틀리다 하며 분별하기 때문에 분별된 대상으로 보일 뿐이다. 즉 실체를 못 본다는 것이다. 만약 분별하지만 않으면 존재의 있는 그대로의 모습이 보인다.

　무량수전 뒤쪽 산속으로 더 들어가면 양지바른 곳에 은광대화상 승탑이 있다. 사각형의 바탕돌 위에 받침돌이 있다. 받침돌 위와 아래에는 앙련과 복련이 받치고 있고 앙련 위에 몸돌과 지붕돌이 안정감 있게 올려져 있다. 지붕돌에는 기와지붕에서 빗물이 잘 흘러내리도록 골이 진 기왓골이 조각되어 있다. 전문가들은 이 승탑이 통일 신라 시대의 팔각원당형 양식을 하고 있는 점을 들어 통일 신라 말이나 고려 초의 것으로 보고 있다. 은광대화상 승탑이 있는 자리는 안국사의 정혈에 해당하는 명당으로 알려져 있다.

안국사 은광대화상 승탑

안국사는 금대암과 더불어 도인이 많이 나온다는 지리산 깊은 곳에 있는 절이다. 행우, 행호, 금송당, 서상대사 등이 이곳에서 치열한 수행을 했을 것이다. 다만 이들에 대한 기록이 자세히 남아 있지 않아 아쉽다. 하지만 인간의 근본적인 괴로움을 해결하기 위해 삭발을 하고 깊

지리산은 절을 품고 절은 지리산을 담다

은 산중에 들어온 그들의 수행 정신은 지리산에 스며들었을 것이다. 천 년이 넘는 세월을 거쳐 지금까지도 수행자의 발걸음이 끊어지지 않는 것이 이를 증명하고 있는 듯하다.

함양 영원사

영원사에서 만난 초월스님

우리나라뿐만 아니라 세계에는 나름대로 의미를 지닌 길들이 많다. '모든 길은 로마로 통한다'라는 말은 로마 역사를 압축적으로 보여 주는 문구다. '산티아고길'은 종교를 떠나 많은 사람들이 한 번쯤 가 보고 싶어하는 길이다. '비단길'은 동서 세계 간 문물 교류의 길이었다. '올레길'은 한국의 산티아고길처럼 수많은 사람들이 걷고 또 걸었던 길이다. 올레길은 '지리산 둘레길'처럼 수많은 길이 탄생하는 마중물 역할을 했다. 지리산 7암자 순례길도 그중 하나가 아닐까 싶다.

산이 넓고 깊은 지리산에는 두 개의 7암자 순례길이 있다. 겉지리의 7암자 순례길은 구례 화엄사 산내 7암자를 순례하는 길이다. 그래서 이 길은 '화엄사 7암자 순례길'이라고 부른다. 또 하나의 7암지 순례길은 속지리의 남원 산내면과 함양 마천면에 있는 일곱 개 사찰을 잇는

지리산은 절을 품고 절은 지리산을 담다

순례길이다. 이곳의 대표적인 사찰은 실상사라 '실상사 7암자 순례길'
로 불러도 된다.

실상사 7암자 순례길은 실상사, 약수암, 문수암, 도솔암, 상무주암,
삼불사, 영원사를 잇는 길이다. 화엄사 7암자 순례길은 자동차로도 갈
수 있도록 도로 포장이 잘 되어 있다. 그런데 실상사 7암자 순례길은
절반 이상이 자동차로는 접근할 수 없다.

실상사 7암자 순례길에서 만나는 도솔암은 영원사 소속 암자였다.
도솔암은 서산대사의 제자로 임진왜란 때 승병을 일으켰던 청매 인오
선사가 도를 깨우친 곳이다. 영원사 암자였던 상무주암(上無住庵)은
대한불교조계종의 종지를 밝힌 보조국사 지눌이 1198년부터 1200년까
지 3년간 수행하여 깨달음을 얻은 곳이다. 지눌은 이때의 깨달음으로
그 유명한 돈오점수(頓悟漸修), 즉 '단번에 깨달은 후에도 계속 번뇌와
오랜 습기를 제거해야 한다'는 수행을 주창했다. 상무주암의 무주는 금
강경의 요체인 '응무소주이생기심(應無所住而生其心)' 즉 '어디에도 머
물지 말고 마음을 내라'는 가르침을 절 이름으로 한 것이 아닐까 싶다.

함양 영원사(靈源寺)는 지리산 내 삼정산에 있는 사찰로, 앞쪽에 벽
소령이 병풍처럼 펼쳐져 있는 산세가 수려한 곳에 있다. 통일 신라 때
영원대사가 창건했다고 전해진다. 9채의 전각에 100칸이 넘는 대가람
으로 이 일대에서 제일 큰 사찰이었다고 한다. 그런데 1948년에 일어
난 여순 사건과 6·25 한국 전쟁 때 소실된 뒤 1971년에 단출하게 중건
되어 현재에 이르고 있다.

영원사

　전해 오는 이야기에 의하면 영원대사가 영원사 부근 토굴에서 8년을 참선 수행을 하였으나 깨우침을 얻지 못했다. 그래서 다른 곳으로 가서 수행하려고 산길을 내려가다 고기 낚는 시늉을 하고 있는 노인을 만나 그의 말을 듣고 다시 토굴로 돌아가 용맹 정진한 끝에 깨달음을 얻었다고 한다. 연기 설화에 나오는 이야기와 비슷하다. 혹시 낚시하던 노인이 문수보살의 화현이 아니었을까. 영원대사가 정진하여 깨달음을 얻은 그곳에 세운 사찰이 영원사다. 사찰 이름 영원사는 영원대사의 이름에서 차용한 것으로 보인다.

　영원사를 창건한 스님의 깨달음의 기운이 전해졌는지 영원사는 조선 시대 부용 영관을 비롯하여 청허 휴정, 청매 인오, 사명 유정, 설파

　지리산은 절을 품고 절은 지리산을 담다

상언, 초월 동조 등 당대의 고승 109명의 선승들이 머물며 수행했던 곳이다. 이러한 내용은 선승들이 머물다 간 방명록이라고 할 수 있는 「조실안록(祖室安錄)」에 기록되어 있다. 인근에 있는 벽송사에서 배출한 108명의 스님들과 「조실안록(祖室安錄)」에 기록된 스님들이 많이 겹치는 것으로 보아 벽송사와 안국사는 조선 시대 수많은 선승들이 수행한 선불교의 중심 도량으로 보인다.

영원사 무량수전

백두대간벽소령 표지석을 지나 가파른 길을 오르면 산성처럼 길게 쌓은 2단 석축 위에 영원사가 자리 잡고 있다. 석축 위로 오르면 석축처럼 길게 정면 5칸의 무량수전이 있다. 지금은 〈무량수전〉 현판이 걸려있는데 2022년까지는 〈두류선림(頭流禪林)〉이란 현판이 걸려 있었다. 현판을 바꿔 달은 이유가 궁금하다. 무량수전 오른쪽에 새로 지은 삼영전이 있다. 삼영전은 서산대사, 사명대사, 청매 인오선사를 봉안하는 전각이다. 삼영전 위쪽에는 산령각이 있다. 무량수전 앞에는 109명의 고승 중 초월 동주로 기록된 초월스님에 대한 안내판이 있다. 초월스님은 속가의 성은 백씨, 초월은 법호, 동조는 법명이다. 그래서 백초월스님으로도 부른다.

초월스님은 대한민국 독립운동사에 큰 공적을 남긴 불교 독립운동가다. 13세 때인 1891년 영원사로 출가하였다. 출가 후 한말 을미의병, 을사의병 등 의병 활동을 보며 민족의식을 고취시켰다. 30대 초반에 영원사의 조실과 강백을 지냈고, 동국대의 전신인 중앙학림의 불교 강사로 내정될 정도로 당시 최고의 강백이었다. 1911년 영원사가 화재로 소실되자 영원사 주지(1914~1917)로 영원사 중건에 힘썼다. 그 이후에는 용화사(법주사 청주 포교당)에서 포교에 전념하였다.

1919년 3·1운동이 일어나자 서울 진관사에 머물며 독립운동에 투신하였다. 백용성스님과 한용운스님이 투옥되자 중앙학림에 불교운동본부를 두고 학인 스님들과 함께 독립운동을 이끌어 나갔다. 천은사, 화엄사, 통도사, 범어사 등에서 독립자금을 모아 상해 임시 정부와 만주의 독립군에게 보냈다. 이러한 활동으로 투옥되었다가 출옥하여 불교사상에 근거한 일심회(心會)라는 비밀 항일 결사를 만들어 독립운동을 하였다. 일심회는 일심(一心), 즉 한마음을 갖고 독립운동을 해야 되겠다는 그의 생각이 구체화된 항일 조직이다.

1939년 10월 용산에서 만주로 가는 군용 열차에 '대한독립만세'란 낙서를 썼다는 죄목으로 서대문 형무소에 2년 6개월 동안 투옥되었다. 출옥한 후에 독립운동 자금을 모으다 청주감옥에 투옥된 후 고문의 후유증으로 1944년 6월 29일 순국하였다. 2009년 5월 서울 진관사 칠성각 보수를 하다가 초월스님이 사용하던 태극기와 독립운동 자료가 발견되어 초월스님의 독립운동 업적이 세상에 알려졌다.

무량수전에 있는 여섯 개의 주련 중 처음 두 개의 주련에는 다음과 같은 게송이 쓰여 있다.

신령한 근원은 본래 맑고 고요하여 옛날과 지금이 없다 하였으니
묘한 본체는 온전히 밝은데 어떤 것을 태어남이라 하고 어떤 것을
죽음이라 하겠는가

靈源湛寂無古無今(영원담적무고무금)
妙體圓明何生何死(묘체원명하생하사)

영원(靈源)대사는 영원사를 창건할 때 도량에 '신령한 기운'이 돌기를 바라면서 '영원(靈源)'이란 절 이름을 지었는지도 모르겠다. 이러한 게송은 초월스님이 영원사에 출가할 때도 있었을까. 태어남과 죽음이 다르지 않음을 깨달으면 어찌 중생의 아픔을 보고 두려움이 일겠는가.

초월스님은 일본을 비롯한 제국주의 침략으로 나라의 존망이 풍전
등화에 놓였을 때 이를 외면하지 않았다. 일제가 국토를 강점하고 민
족을 말살하는 정책에 맞서 독립운동 자금을 모아 독립운동 단체에 보
내는 활동을 계속하다 해방을 일년 앞두고 입적하였다. 초월스님의 이
러한 항일 독립운동은 수행자로서 혼자만의 깨달음만을 추구하지 않
고 중생을 구제하려는 보살행이었다. 이는 영원사에서 수행했던 서산
대사와 사명대사의 호국불교 정신을 잇는 실천이기도 했다.

인오선사가 넘던 고개

함양 읍내에서 마천면에 있는 금대암과 영원사를 가기 위해 지안재
와 오도재라는 고개를 넘어갔다. 마천면에는 마천이란 하천이 흐르는
데, 계곡물이 마치 말이 달려가는 형국과 비슷하여 이런 이름이 붙여
졌다고 한다. 해발 370m의 지안재까지는 여섯 번 반을 굽이돌아 올라
가야 한다. 한국의 아름다운 길 100선에 선정될 만큼 아름답고, 지안
재 고갯마루에는 전망대가 있어 관광객들에게 드라이브 코스로 널리
알려져 있다. 굽이굽이 돌고 돌아 조심조심 오르던 마음이 전망대에서
내려다볼 때는 자동차 장난감이 도로를 따라 기차놀이 하는 듯 보이기
도 하고, 그 아름다움에 탄성을 쏟아 내기에 충분한 경관이다.

지리산은 절을 품고 절은 지리산을 담다

지안재

지안재에서 다시 구불구불한 길을 따라 정상까지 오르면 해발 773m
의 오도재(悟道峙)가 나온다. 마천면에 있는 영원사 도솔암에서 수행
하던 청매 인오선사가 이 고개를 오르내리면서 득도한 연유로 오도
재란 이름이 붙여졌다고 전한다. 벽소령과 장터목을 거쳐 온 남해, 하
동 지역의 소금과 해산물이 이 고개를 지나 전라북도, 경상북도, 충청
도 지방으로 운송되던 육상 교통로이기도 했다. 오도재는 삼봉산과 법
화산이 만나는 지리산 관문의 마지막 쉼터였다. 오도재 고갯마루에는
〈지리산제일문〉이란 현판이 걸려 있는 누문이 있다.

오도재 지리산제일문

　이곳은 가야국 마지막 구형왕이 532년 신라가 침략해 오자 백성을 전쟁의 희생양으로 삼을 수 없다고 판단하여 나라를 신라에 양도하고 9만 군사를 이끌고 오도재 아래 추동마을에 궁궐터를 잡고 은거 피신하였다. 이때 오도재는 정찰을 위한 중요한 망루 지역이었다. 왕비 계화부인은 오도재에서 망국의 한과 선왕들의 명복을 빌었는데 훗날 이곳에 성황당이 생기고 지나가는 길손과 마을 주민들이 지리산의 천왕신을 모시고 제를 지냈다. 지금 지리산제일문 오른쪽에 이를 복원하여 산신각을 짓고 비를 세워 놓았다. 또한 오도재는 임진왜란 당시에는 서산대사, 사명대사, 청매 인오선사가 이끄는 승군이 머물렀던 곳이었다.

오도재는 조선 시대 양반 유생이었던 김종직, 정여창, 김일손, 유호인 등이 지리산을 유람하며 들러 지리산을 소재로 시를 써서 노래했던 곳이다. 지금 오도재 주차장 위쪽에 이들이 쓴 시를 돌에 새겨 놓은 시비동산이 있다. 오도재란 이름이 붙여지게 만든 청매 인오선사의 시비는 시비동산 입구에 있다.

깨달음은 깨닫는 것도 깨닫지 않는 것도 아니니
깨달음 자체가 깨달음 없어 깨달음을 깨닫는 것이네
깨달음을 깨닫는다는 것은 깨달음을 깨닫는 것이 아니니
어찌 홀로 깨달음이라 이름하리오

覺非覺非覺(각비각비각)
覺無覺覺覺(각무각각각)
覺覺非覺覺(각각비각각)
豈獨名眞覺(기독명진각)

깨달을 '각(覺)' 자가 12번 나오는 '12각시(十二覺詩)'다. 청매 인오선사는 서산대사의 제자로 임진왜란 때 승군을 이끌었던 승병장이었다. 그는 도솔암에서 수행하면서 산죽으로 조리를 만들고 소나무의 관솔을 모아 함양 장터에 내다 팔았다고 한다. 물건값은 주는 대로 받았고 팔리지 않은 물건은 그대로 장터에 두어 누구라도 필요한 사람이 가져가 쓰도록 했다고 전한다. 그는 이렇게 오도재를 넘어 함양 장터를 오가며 깨달음을 얻었다고 한다.

노년에 영원사 조실로 있었던 청매 인오선사는 수행자가 염두에 두어야 할 것들을 '십무익송(十無益頌)'이라는 게송으로 남겼다.

心不返照看經無益(심불반조간경무익)
不達性空坐禪無益(부달성공좌선무익)
不信正法苦行無益(불신정법고행무익)
不折我慢學法無益(부절아만학법무익)
欠人師德濟衆無益(결인사덕제중무익)
內無實德外儀無益(내무실덕외의무익)
心非信實巧言無益(심비신실교언무익)
輕因重果求道無益(경인중과구도무익)
滿腹驕慢有識無益(만복교만유식무익)
一生乖角處衆無益(일생괴각처중무익)

"마음을 돌이켜 비추어 보지 않으면 경전을 봐도 이익이 없다. 자성이 공함을 알지 못하면 좌선을 하더라도 이익이 없다. 바른 법을 믿지 않으면 고행을 하더라도 이익이 없다. 아만심을 극복하지 못하면 부처님의 법을 배워도 이익이 없다. 스승이 될 덕이 없으면 대중들을 거느려도 이익이 없다. 안으로 참다운 덕이 없으면 밖으로 점잖은 행동을

지리산은 절을 품고 절은 지리산을 담다

해도 이익이 없다. 마음이 진실하지 아니하면 교묘하게 말을 잘 해도 이익이 없다. 원인을 가볍게 여기고 결과만을 중요하게 여기면 도를 구하여도 이익이 없다. 뱃속에 교만이 가득하면 아무리 많이 알아도 이익이 없다. 일생 동안 모나게 살면 대중과 함께 살아도 이익이 없다."

첫 번째와 두 번째 게송은 『반야심경』의 "관자재보살이 깊은 반야바라밀다를 행할 때 오온이 공한 것을 비추어보고 온갖 고통에서 건너느니라[관자재보살 행심반야바라밀다시 조견오온개공 도일체고액(觀自在菩薩 行深般若波羅蜜多時 照見五蘊皆空 度一切苦厄)]"를 말한 듯하다. 제법무아(諸法無我), 즉 모든 존재의 본질이 실체가 없음을 모른채 좌선만 하는 것은 아무 소용이 없다. 공(空)의 이치를 잘 파악하고 이해하는 탄탄한 토대 위에서 좌선 수행을 해야 한다는 것이다. 이는 초기불교에서 대승불교, 선불교를 관통하는 불교의 핵심 가르침이다. 또한 사성제와 연기법 등을 의심하며 수행하면 깨달음에 이를 수 없다는 것이다.

교만과 고집을 버려야 하고, 덕이 있어야 하고, 마음에 진실함이 있어야 한다는 가르침은 세속에서도 중요한 가치로 여기는 덕목들이다. 수행자는 일반 대중들이 지켜야 할 덕목들이 바탕이 되고, 부처님의 가르침에 따라 수행해야 된다. 그냥 열심히 참선한다고 해서 치열하게 정진한다고 해서 되는 것이 아니다. 올바른 방향과 길을 따라 수행해야 한다는 것이다. 마지막 게송은 수행자라면 모름지기 대중과 함께하며 중생을 교화해야 한다는 대승불교의 보살도를 말한 듯하다. 심우도

10단계 중 마지막 단계인 '입전수수(入廛垂手)'가 보살의 궁극적인 목적이 중생의 제도에 있음을 상징화한 것과도 통하는 게송이다.

청매 인오선사의 십무익송은 불교의 제법무아, 삼법인, 사성제, 연기법 등 불교의 요체에 대한 바른 견해와 믿음이 토대가 되어 수행해야 깨달음에 이를 수 있다는 게송이다. 깨달음을 얻기 위해 참선, 염불, 간경, 주력, 기도, 사경 등 다양한 방법으로 수행하더라도 올바른 방향으로 가야 한다는 가르침이다. 그래서인지 선승들 사이에서는 청매 인오선사를 고고하게 은둔 수행을 한 선사 중 한 명으로 알려져 있다. 청매 인오선사가 정진했던 토굴터를 찾기 위해 지리산 곳곳을 찾아 다니는 스님들이 있었다는 이야기가 허언이 아닌 듯하다. 지리산의 많은 수행자가 경책으로 삼았다는 청매 인오선사의 십무익송은 수행자가 지켜야 할 십계명처럼 보인다.

청매 인오선사는 수행 정진과 중생을 배려하는 마음이 공덕이 되어 깨달음을 얻었고, 함양 주민들을 배려한 마음이 고마워 주민들이 오도재란 이름을 지은 것이 아닐까 싶다. 당시 뛰어난 양반 유생들이 이 고개를 넘으며 시를 지었지만, 주민들은 숭유억불 정책 속에서도 중생을 구제하는 청매 인오선사의 공덕을 찬양하고, 그가 오고 갔던 길을 '오도재'라고 이름 지었다. 고개를 넘어가기도 어렵지만 깨달음을 이루기는 더 어렵다. 오도재는 자비의 공덕이 얼마나 큰지를 느끼게 해 주는 깨달음의 길이자 고개이다.

산청 대원사

방장산이라 쓰고 지리산이라 읽고

크고 높고 깊은 산 속에 있는 사찰, 지리산에 가면 계곡에서 흐르는 물소리가 주는 청량한 기운을 흠뻑 받을 수 있다. 지리산 700m 높이에 자리 잡은 산청 대원사도 그런 사찰 중 하나다.

요즈음은 차를 타고 대원사 봉상루 아래까지 갈 수 있는데, 관광객이 많은 계절에는 절에서 2km 아래에 있는 주차장에 차를 세워 놓고 걸어가야 한다. 걸어가는 것이 힘은 들겠지만, 오히려 다행이라고 할 정도로 계곡을 따라 난 길을 걷는 즐거움이 크다. 너럭바위와 괴석이 연이어 있는 계곡에서 돌과 바위에 부딪치며 흐르는 물소리가 굉음처럼 들리면서도 명징하다. 너럭바위와 돌들이 만들어 놓은 작은 연못은 금방이라도 뛰어들고 싶은 욕구를 일으킨다.

대원사 일주문

〈방장산대원사(方丈山大源寺)〉현판이 걸려 있는 일주문을 지나 계
곡 옆으로 난 길을 따라 오르면 대원사 전각들이 있는 곳에 도착한다.
대개 사찰 입구에는 사찰을 소개하는 간략한 글과 함께 가람배치도를
그려 놓은 안내판이 있다. 대원사 봉상루 입구에도 기와로 지붕을 올
린 안내판이 있다. 다른 사찰과 다르게 가람배치도에는 그린 시기와
화가의 이름을 써 놓았다. 일주문 현판 이름과 다르게 〈지리산대원사
(智異山大源寺)〉란 제목 아래 대원사 역사를 간략하게 소개하는 글이
있다.

대원사는 548년(신라 진흥왕 9)에 연기조사가 창건하여 평원사(平原
寺)라 하였다. 1685년(숙종 11) 폐사된 옛터에 운권스님이 절을 짓고

지리산은 절을 품고 절은 지리산을 담다

대원암(大源庵)이라 하였다. 1890년(고종 27) 구봉스님이 낡은 건물을 중건하고 지금의 이름인 대원사라 하였다. 이후 1948년 여순 사건 당시 빨치산이 점거할 것을 우려한 진압군에 의해 다층석탑을 제외한 모든 건물이 소실되었다. 1955년 주지로 부임한 만허당 법일스님이 전각을 하나씩 짓기 시작하여 입적하던 1991년까지 35년여 동안 지금의 모습으로 가람을 중창하여 대표 비구니 선원으로 만들어 놓았다.

대원사의 간략한 역사를 읽고 계단을 오르면 일주문과 같이 〈방장산 대원사〉란 현판이 걸려 있는 큰 누각이 보인다. 현판 글씨는 통도사 방장을 지내고 당대의 도인으로 이름난 경봉스님이 썼다. 누각은 주불전으로 들어가는 통로 역할을 한다. 누각 뒤쪽에는 〈봉상루(鳳翔樓)〉란 현판이 걸려 있어 이 누각이 봉상루라는 것을 알 수 있다. 봉상루의 원래 이름은 운영루(雲影樓)였다고 전한다. 〈봉상루〉 현판이 앞에 걸려 있으면 누각 이름을 쉽게 알 수 있을 텐데 〈방장산대원사〉 현판을 앞쪽에 걸어 놓았다. 일주문을 생각 없이 지나온 사람들에게 대원사라는 청정도량으로 들어간다는 것을 다시 한 번 알려 주려는 것이 아닐까 싶다.

봉상루 1층 기둥 사이를 통과하면 계단이 있고 특이하게도 작은 여닫이문이 달려 있다. 도량을 들어오기 전 마음을 청정하게 하는 멈춤의 시간을 갖게 하는 의미로 설치한 듯하다. 현실적으로는 지리산을 오르는 사람들에게 비구니 도량에 들어올 수 없는 출입 금지 시간을 알려 주는 장치가 아닐까도 싶다.

문을 통과하기 전에 잠시 멈춰서서 대웅전을 향해 바라보았다. 대웅전 앞에는 탑이 없고 양쪽에 석등이 있다. 팔작지붕의 대웅전은 정면 세 칸으로 이루어졌다. 세 개의 문이 활짝 열려 있는데 한 칸의 규모가 넓어서인지 열린 문이 기둥을 가리지 않아 주련이 한눈에 전부 보인다.

위대한 대법왕이여
짧음도 또한 긺도 없네
본래 검지도 희지도 않은데
인연 따라 푸르고 누렇게 나타나네

摩訶大法王(마하대법왕)
無短亦無長(무단역무장)
本來非皂白(본래비조백)
隨處現靑黃(수처현청황)

사람들이 모두 지니고 있는 참다운 마음은 형상을 지닌 사물이 아니기 때문에 길고 짧음이 없다. 물질의 색을 검은색과 흰색 등으로 구분하지만, 본래의 마음자리에는 옳고 그름의 구분이 없다. 다만 처하는 상황에 따라 푸른빛과 누른빛으로 나타난다. 상황에 따라 늘 변하는 것이 마음이지만, 본래 마음자리를 잘 지키면 그 참됨을 잃지 않는다는 가르침이다.

지리산은 절을 품고 절은 지리산을 담다

대원사 대웅전

대웅전 안에는 석가모니불 좌우에 문수보살과 보현보살을 협시로 봉안하였다. 석가삼존불 뒤에는 부처님이 영축산에서 제자들에게 설법하는 장면인 영산회상도가 걸려 있다. 법당 안쪽에는 지금의 대원사로 가람을 조성한 법일스님의 진영이 걸려 있다. 마침 사시예불을 드리는 스님들이 한글 반야심경을 독송하고 있었다. 어려운 한문으로 된 반야심경을 한글로 번역하여 뜻을 쉽게 이해하며 독송하기 위한 것이다.

월정문을 들어가면

대웅전 왼쪽에는 작은 규모의 원통보전이 있다. 전서체로 상하 좌우로 두 글자씩 쓴 〈원통보전(圓通寶殿)〉 현판은 건물의 크기, 모양과 잘 어울려 보인다. 원통보전 안에는 목조관음보살좌상이 있고 그 뒤에 천수천안관음탱이 봉안되어 있다. 목조관음보살좌상은 화승 초변스님이 1700년에 조성하였다. 보살상은 연꽃 모양의 대좌 위에 앉아 있으며 머리에는 보관을 쓰고 있다. 보살상 안에서 금속제 보관함을 비롯해 발원문, 다라니 등의 복장물이 나왔다. 발원문을 통해 조성 시기와 조성 이유, 조성자 등을 알 수 있었다.

원통보전 안 한쪽 벽에 신중탱이 봉안되어 있다. 신중탱은 위쪽에 모란꽃을 든 제석천을 중심으로 이를 따르는 신중들을 그려 넣었다. 아래쪽에는 투구를 쓰고 두 손바닥을 모으고 있는 위태천(동진보살)을 중심으로 이를 따르는 신중들을 배치했다. 아래쪽에 쓰여 있는 화기를 통해 화승인 덕민, 설훈, 언보가 1794년(정조 18)년에 그린 것을 알 수 있다.

> 한 송이 붉은 연꽃 바다에서 솟아올라
> 푸른 파도 깊은 곳에 신통을 나타내네
> 어젯밤 보타산에 계시던 관자재보살
> 오늘 아침 도량으로 내려오셨네

지리산은 절을 품고 절은 지리산을 담다

一葉紅蓮在海中(일엽홍련재해중)
碧波深處現神通(벽파심처현신통)
昨夜寶陀觀自在(작야보타관자재)
今日降赴道場中(금일강부도량중)

대원사 원통보전

　원통보전 기둥에 걸려 있는 주련을 읽다 보면 방금 전 원통보전 안에서 본 연화대좌 위 관세음보살을 보는 듯하다. 관자재보살은 관세음보살의 다른 이름이다. 「반야심경」에서 사리뿟따에게 공(空)을 설하는 보살이 관자재보살이다. 관세음보살이 한 송이 홍련으로 바다 한가운데

나투어 신통을 부리듯 보타락가산(보타산)에 계시던 관세음보살이 도량에 나타나 중생에게 대비심을 베풀 듯 대원사에 관세음보살의 가피력이 내리길 발원하며 이 주련을 걸어 놓은 듯하다.

대웅전 오른쪽에 활짝 핀 배롱나무꽃을 보관처럼 쓰고 있는 듯한 작은 문이 있다. 두 사람이 겨우 들어갈 만한 문 위에는 〈월정문(月頂門)〉이란 현판이 걸려 있다. 지붕을 떠받치고 있는 기둥에도 주련이 걸려 있다.

누가 알리요 왕사성의 둥근 달이
만고에 광명이 영원히 불멸하리라는 것을

誰知王舍一輪月(수지왕사일륜월)
萬古光明永不滅(만고광명영불멸)

왕사성은 마가다국의 수도로 석가모니 부처님이 사위성 다음으로 오래 머물며 전법했던 곳이다. 대웅전 안 석가삼존상 뒤에 걸려 있는 후불탱화인 영산회상도는 왕사성에 있는 영축산에서 설법하는 장면을 그린 불화다. 왕사성의 둥근 달은 석가모니 부처님이 깨닫고 제자들에게 가르쳤던 법, 즉 진리를 가리키는 듯하다.

지리산은 절을 품고 절은 지리산을 담다

대원사 월정문

월정문을 통과하면 불에 그을린 듯하기도 하고, 쇠가 녹슨 듯한 색깔을 띤 탑이 있다. 재질은 쇠가 아닌 석탑이다. 녹이 슨 듯한 붉은 색은 철분이 많이 함유된 돌이 물과 만나 자연스레 생겼다고 한다. 지붕돌을 세어 보니 8층탑처럼 보인다. 그런데 안내판과 누리집에는 다층석탑(多層石塔)으로 명명되어 있다. 우리나라 탑은 거의 모두 홀수층으로 되어 있기 때문에 짝수층으로 이름을 지을 수 없어 다층석탑으로 명명한 것일까? 아니면 불교에서 중요시하는 수 개념이 반영된 것일까?

불교를 공부하면서 중요한 교리 앞에 특정한 숫자를 붙인다는 것을 알게 되었다. 4성제와 8정도, 4념처, 4섭법, 4무량심, 12연기법, 부처님의 상호인 32상 80종호처럼 4 또는 8과 연관되는 수로 설명하고 있다. 인류가 처음 수를 창안했을 때는 8진법이었다고 한다. 구석기 시대에 창안된 8진법은 신석기 시대까지 쓰이다가 청동기 시대에 10진법이 나오며 수를 헤아리는 기본 단위에서는 필요 없게 되었다. 하지만 8진법의 수는 좋은 수, 즉 길수(吉數)로 여겨지면서 이를 불교가 받아들여 불교의 가르침, 즉 진리를 표현할 때 8진법의 8과 그 절반인 4를 기본수로 사용하기 시작하였다고 한다. 즉 불교에서 4와 8은 진리의 수로 사용하였다.

한편 1, 3, 5, 7, 9 등 홀수는 생명의 수로 간주되었다. 그래서 부처님이 열반한 후에 화장하고 남은 유골을 안치한 탑을 1층의 복발탑으로 만들었다. 그래서 아소카왕이 근본8탑 중 일곱 개의 탑에 봉안된 부처님의 사리를 꺼내 8만 4천 탑을 만들어 봉안할 때 홀수인 1층 복발탑 양식으로 조성하였다. 불신(佛身), 즉 부처님의 몸은 유골이지만 영원한 생명을 가진다고 믿었기 때문이다. 이런 불교의 수 개념을 중국에서 받아들여 2층 이상의 다층탑을 만들 때 홀수층으로 조성했다. 중국에서 불교를 받아들인 우리나라도 홀수인 3층, 5층, 7층으로 탑을 조성했다. 대원사 석탑은 8층으로 보이는데, 이는 불교의 수 개념과는 다르기 때문에 대원사 8층석탑으로 하지 않고 다층석탑으로 이름을 지은 것일까.

탑은 646년(선덕여왕 15)에 자장율사가 세웠다. 탑의 기단부 몸돌의 네 귀퉁이에는 신장상, 신장상 사이의 사면에는 연화문이 조각되어 있

대원사 다층석탑

다. 화엄사 사사자 삼층석탑과 비슷하게 네 신장이 탑을 받치고 있는 형상이다. 맨 위층 지붕돌에는 종이 달려 있다. 상륜부에는 복발과 찰

주가 남아 있다. 200년 전 다층석탑을 개축할 때 72과의 사리가 나왔다고 한다. 지금 다층석탑에는 부처님 진신사리 58과가 봉안되어 있다.

다층석탑 옆에는 법일스님이 대원사에 와서 제일 먼저 지은 사리전이 있다. 법일스님은 선원인 사리전 상량식 때 박수를 치며 '도인들이 쏟아져 나와라!'고 축원했다고 한다. 그러면서 '중이 됐으면 공부해라. 공부를 못하게 생겼으면 오롯이 뒷바라지해라.'고도 했다고 한다.

법일스님이 왜 사리전을 제일 먼저 지었는지, 사리전을 지을 때 법일스님의 발원을 알고 나니 대원사가 왜 비구니 참선도량으로 많은 스님들이 이곳에 오는지를 알 듯했다. 사리를 봉안한 다층석탑 옆에 있어 전각 이름도 '사리전'으로 지은 듯하다. 다층석탑도 '다층'이란 용어 대신 '사리탑'이나 '석조사리탑' 또는 '석가사리탑' 등으로 지으면 탑의 존재감이 더욱 부각될 것 같다. 천년고찰에 있는 천년 보탑에 걸맞는 이름을 지어 주는 것이 어떨까 싶다.

다층석탑에는 여러 가지 일화가 전해 온다. 결혼하여 자녀까지 있던 성철스님이 출가 전에 이 탑 앞에서 밤낮으로 용맹정진하여 40여 일 만에 동정일여(動靜一如)의 경지를 체득했다고 한다. 당시 해인사에 머물던 동산스님이 대원사 주지 스님을 통해 이러한 사실을 전해 듣고 성철스님을 해인사로 불러 면담을 한 후 출가를 허락했다고 한다. 봉암결사를 주도하고 조계종 종정을 지내며 현대 한국 불교의 큰스님으로 수많은 일화를 남긴 성철스님의 구도여행은 바로 대원사 다층석탑 앞에서 시작되었다.

대원사 방광탑

대원사 봉상루를 나와 템플스테이관으로 가는 입구에 방광탑, 중창
비, 부도전이 있다. 이곳에는 법일스님의 승탑을 비롯해 여러 기의 승
탑이 있다. 특이하게도 이곳에는 효봉당방광탑, 석봉당방광탑, 사은당
방광비 등이 있다. 방광은 큰 일이 있을 때나 큰스님이 입적할 때 빛이
뿜어져 나오는 현상을 가리킨다. 방광탑은 방광이 발생한 곳이나 이런
현상이 일어난 것을 기념하기 위해 바위에 새겨 놓은 것이다. 방광은
현대 과학으로 설명하기 어려운 신비한 현상의 하나이지만, 이 방광탑
이나 방광비들은 대원사에서 일어난 신비한 현상을 기록한 조형물로
남다른 의미를 띠고 있다고 볼 수 있다.

대원사에서 계곡을 따라 올라가면 유평마을이 있다. 유평마을까지 계곡을 따라 만들어진 숲길은 1991년 '걷고 싶은 아름다운 길'로 지정되었다. 숲길 옆을 흐르는 지리산 계곡수가 이곳을 찾는 사람들의 심신을 맑게 해 준다. 다른 산사들이 대부분 산사까지 이르는 길은 포장되어 있지만 산사 다음부터는 이른바 등산길인데 대원사는 주차장부터 유평마을까지 이어지는 지리산 계곡과 숲길 중간에 있어 계곡과 숲길을 찾는 사람들이 잠시라도 머물기 좋은 산사다. 계곡에 흐르는 물에 발을 담가 뜨거워진 몸을 식히고, 대원사 사리탑에 들러 헐떡이고 널뛰는 마음을 가라앉히는 건 여름을 나는 최상의 방법 중 하나이다.

지리산은 절을 품고 절은 지리산을 담다

산청 덕산사

다시 찾은 이름, 덕산사

산청 내원사에 가기 전에 전화를 걸어 템플스테이를 할 수 있는지를 물어보았다. "내원사 종무소이지요?" 전화를 받은 사람의 첫 마디는 "내원사가 아니고 덕산사예요. 3년 전에 덕산사로 이름이 바뀌었어요." 였다. "그래요? 2년 전 출판된 책에 내원사로 기록되어 있던데요." "아직도 내원사로 알고 있는 사람들이 많아요." "아, 그렇군요. 그런데 템플스테이는 가능한가요?" "아뇨. 대웅전을 발굴한 뒤 새로 대웅전을 짓고 있고, 템플스테이를 할 공간이 부족해 못하고 있습니다." 전화로 대화한 내용으로 지금의 덕산사의 모습을 그려 볼 수 있게 되었다.

덕산사 주차장에 차를 세우면 두 갈래 길이 나온다. 두 길 모두 덕산사로 들어가는데 반야교와 내원교라는 두 개의 다리를 각각 건너야 한다. 덕산사는 지리산 깊은 계곡에서 흘러 내려오는 삼장천과 내월천

사이 야트막한 곳에 자리 잡았다. 삼장천이 흐르는 곳이 장당골, 내원천이 흐르는 곳이 내원골이다. 그러니까 덕산사는 장당골과 내원골 즉 삼장천과 내월천이 동쪽과 서쪽에서 감싸고 있는 형국이다.

삼장천을 건너는 다리가 반야교이고, 두 하천이 합류하여 흐르기 시작하는 곳에 있는 다리가 내원교다. 내원교에 서면 두 하천 사이에 있는 덕산사 전각들이 빼꼼히 보인다. 내원교를 건너 다시 작은 다리를 건너면 덕산사의 옆으로 들어가게 되고, 반야교를 건너면 덕산사 주불전인 대웅전을 정면으로 바라보며 들어가게 된다.

덕산사 반야교 아래 명옹대

지리산은 절을 품고 절은 지리산을 담다

반야교 아래를 흐르는 삼장천은 너럭바위와 돌들에 부딪치며 흐르는 물소리가 청아하면서도 우렁차게 들린다. 다리를 건너다 다리 아래 너럭바위에 새겨져 있는 글씨가 흐릿하게 보였다. 호기심이 일어 다리 아래로 내려가 보니 〈명옹대(明翁臺)〉라는 글자가 새겨져 있다. 명옹은 글자 뜻대로 해석하면 '밝은 노인'이라는 뜻인데, 실제로는 '명암 늙은이'라는 의미였다. 명암이란 호를 가진 정식이 1742년에 새긴 글씨라고 한다.

그는 청나라에 패한 명나라의 문화를 그리며 살았던 양반 유생이라고 한다. 그는 60세 때 이곳에 와서 장당골에 흐르는 물을 보며 심신을 다스리지 않았을까 싶다. 그는 거의 폐사되었던 덕산사를 보고 나서 그 옆을 흐르는 삼장천 너럭바위에 앉아 멸망한 명나라를 그리워했으리라. 혹시 폐사지가 명나라로 감정 이입되었을까. 다만 그가 이곳에 머물며 남긴 시가 없어 아쉬울 뿐이다.

1644년에 명나라가 멸망했으니 그는 100여 년이 흐른 뒤에도 여전히 명나라를 그리워한 것이다. 조선 양반 유생들의 명나라에 대한 사대의 감정이 어느 정도인지 가늠이 된다. 그의 호 명암(明庵)에 있는 '명(明)'이 혹시 명나라 명(明)을 의미하는 것인지도 모르겠다. 작은 절을 의미하는 '암(庵)' 자는 덕산사란 절 이름과 겹쳐 읽힌다. 삼백여 년의 시간 간극을 뛰어넘어 덕산사 옆을 흐르는 삼장천 바위에 명옹대를 새겨 놓은 명암 정식의 마음이 헤아려진다.

반야교를 건너자마자 정면에 새로 짓는 대웅전과 그 앞에 있는 삼층석탑이 보인다. 너른 마당을 들어서면 왼쪽에 종무소로 사용되는 공양간, 오른쪽에 심우당이 있다. 새로 짓고 있는 대웅전 왼쪽에는 비로전, 오른쪽에는 산신각이 있다. 비로전 왼쪽에 임시 법당이 있다. 언뜻 보면 황량하게 보일 정도로 정비가 덜 된 듯한 모습이다. 현재 덕산사의 모습이다.

덕산사(德山寺)는 657년(태종무열왕 4)에 원효대사가 창건하였다. 무열왕의 8대손으로 통일 신라 말 선종 9산선문의 하나인 보령 성주산문을 열었던 무염국사가 9세기 중반에 머물렀던 곳이다. 당시 무염국사의 가르침을 배우러 많은 수행자들이 몰려들었다고 한다. 그 후 면면히 이어져 오던 덕산사는 천여 년 후인 1609년(광해군 1)에 화재로 대부분의 전각이 소실되어 폐사지로 남아 있다가 6·25 한국 전쟁 중 삼층석탑을 제외하고 완전히 소실되었다. 1959년 원경스님이 절을 다시 세우며 내원사로 이름을 바꾸었다.

덕산사는 조선 시대 양반 유생들이 들렀던 절이기도 하다. 그들은 산천을 유람하며 시를 짓고 호연지기를 길렀는데 지리산 인근에 살던 유생들은 지리산을 유람하며 사찰에도 머물렀고 그것을 기록으로 남겼다. 1564년 여름, 산청의 양반 유생이던 남명 조식을 비롯해 각재 하항, 덕계 오건 등이 덕산사에서 만나 강학과 독서를 했다. 산청 인근에 있는 진주의 양반 유생이었던 성여신도 1567년 지리산 유람 때에 덕산사에 들렀다는 기록을 남기고 있다.

조용섭은 석실 명안스님이 출가한 곳이 바로 덕산사이고, 1656년에 편찬된 인문지리서인 『동국여지지』에도 '덕산사는 지리산의 동쪽에 있다(德山寺在智異山東)'라는 내용이 있다는 점을 들어 덕산사가 폐사된 것은 1609년이 아니라 그로부터 반세기 정도가 지난 17세기 중후반일 것이라고 보고 있다.

덕산사 대웅전(신축 중인 건물)

2020년 10월 내원사 대웅전의 위치 고증을 위한 발굴 조사를 하였는데, 그때 덕산사라는 명문이 새겨진 기와 파편이 발견되었다. 이 기와 명문으로 내원사가 본래 덕산사 터에 지어진 것이 확인되었고, 이를 토대로 2021년 3월 내원사를 덕산사란 이름으로 변경하였다.

현재 대웅전은 발굴 과정을 통해 확인된 원래 위치에 새로 짓고 있다. 원경스님이 1959년 폐사지에 지었던 대웅전은 삼층석탑 오른쪽, 지금 새로 짓고 있는 대웅전 아래쪽에 있었다. 그때 지은 대웅전이 60여 년이 흘러 중수가 필요하고 발굴 과정에서 원래의 대웅전 터가 새로 발견됨에 따라 대웅전을 헐고 창건 당시의 자리에 새로 중건하고 있다. 그래서 대웅전이 완공되면 대웅전과 탑이 위와 아래에 있는 가람 배치가 된다.

덕산사에 와서 국보가 되었네

대웅전 왼쪽에는 비로전이 있다. 비로전에는 산청군에 있는 국가문화유산 중 유일하게 국가문화유산 국보로 지정된 '석남암사지 석조비로자나불좌상'이 봉안되어 있다. 이 불상은 원래 덕산사에서 3km 정도 떨어진 석남암사지에 있었는데, 1947년 인근 주민이 대좌는 남겨 두고 불상만 떼어 내어 집으로 가져가 보관하고 있었다. 1953년 덕산사 중건을 발원하고 이곳에 온 원경스님이 이러한 사실을 알고 신도들과 함께 불상을 절에 봉안할 것을 설득하여 1954년 돌려받았다고 한다.

처음 돌려받았을 때는 석조비로자나불좌상을 봉안할 전각이 없어 노천불 형태로 덕산사 마당에 안치되어 있었다. 1959년 원경스님이 폐사지에 내원사란 이름으로 절을 중건할 때 사모지붕을 한 단칸 규모의 전각을 지어 석조비로자나불좌상을 봉안하였다. 1989년 비로전을 정

지리산은 절을 품고 절은 지리산을 담다

덕산사 석조비로자나불좌상

면 3칸, 측면 2칸 규모로 확장하여 짓고 석조비로자나불좌상을 봉안하였다. 그런데 대웅전의 왼쪽에 있던 비로전은 지대가 낮아 폭우 시 침수될 우려가 있었다. 그래서 2003년 지대가 높은 지금의 위치에 옮겨 짓고 석조비로자나불좌상을 봉안하여 지금에 이르고 있다.

1989년 석조비로자나불좌상을 봉안할 때 석남암사지에 방치되어 있던 대좌와 광배를 옮겨 와 그 위에 봉안하였다. 대좌를 옮겨 와서 불상을 안치하기 전에 대좌의 중대석에서 납석(蠟石)으로 된 사리 단지가 발견되었다. 사리 단지 표면에 '영태 2년(766년, 혜공왕 2)에 불상을 조성하여 무구정광대다라니와 함께 봉안하였다'는 기록이 있다. 이는 현존 우리나라에서 가장 오래된 지권인의 비로자나불상으로 그 가치가 높다. 또한 제작 연대를 밝힐 수 있는 자료로 평가되어 1990년 보물로 지정되었다가 2016년 국보로 승격 지정되었다. 지금 비로전 안에 〈납석제호 명문(蠟石製壺 銘文)〉 편액이 걸려 있다.

비로자나불좌상은 나발을 한 머리에 부처님의 지혜를 상징하는 육계가 있다. 목에는 삼도가 조각되어 있다. 오른손으로 곧게 편 왼손 검지를 감싸 쥔 지권인 수인을 하고 있다. 지권인은 부처와 중생, 깨달음과 미혹이 하나임을 나타내는 손모양이다. 석조비로자나불좌상은 전체적으로 신체 비례가 적절하여 안정감이 있고 조각 수준이 높아 조형적으로 우수하다는 평가를 받고 있다.

원각의 산 가운데 한 그루의 나무

지리산은 절을 품고 절은 지리산을 담다

천지가 나뉘기 전 꽃이 피었네

푸르지도 희지도 검지도 아니하며

봄바람에도 없고 하늘에도 없구나

圓覺山中生一樹(원각산중생일수)

開花天地未分前(개화천지미분전)

非靑非白亦非黑(비청비백역비흑)

不在春風不在天(부재춘풍부재천)

비로전 주련에 쓰여 있는 게송이다. 원각(圓覺)은 부처님의 원만한 깨달음을 말한다. 그런데 그 깨달음은 천지가 분화되기 이전부터 있었다는 것이다. 그것은 푸르지도 않고 희지도 않으며 검지도 않다. 그렇다고 바람에도 하늘에도 없다. 형색으로 보이는 것이 아니니 어디에 있다고도 할 수 없다. 그러니 깨달았으면 부처님의 가르침이라도 버려야 한다. 뗏목을 타고 강을 건넜으면 뗏목을 버려야 하듯이 말이다. 세상의 그 어떤 것도 변하지 않는 실체로 존재하는 것이 아니라 일시적 현상으로 존재한다는 것을 깨달아 집착하지 않는 무주(無住)의 지혜로 살아가라는『금강경』의 가르침과도 같다.

새로 짓고 있는 대웅전 앞에 있는 삼층석탑은 화강암 색깔이 변색된 것처럼 붉은 색조를 띠고 있다. 3층의 지붕돌이 파손되고 기단부도 갈라진 상태로 훼손이 된 상태다. 화재로 인해 탑의 색깔이 변하고 형상이 크게 손상된 결과이다. 천 년이 넘는 세월 동안 모진 풍파와 화마를 견디어 낸 모습에서 진리를 상징하는 불탑의 의연함에 머리가 숙여진다. 삼층석탑은 천 년이 넘는 모진 인고의 세월 동안 이곳을 떠나지 않고 이곳이 불법 도량임을 묵언으로 증언하고 있다. 석탑은 돌로 만들어졌기 때문에 오래 남아 있기도 하지만 불법, 즉 진리의 영원함을 상징하기도 한다.

덕산사가 있는 지역은 예로부터 지명이 덕산이었다. 지리산 중 내지리에 있는 덕산은 품이 넓고 깊어 예로부터 속진의 풍상을 피하거나 환란을 피해 들어오는 곳이자, 환란을 일으킨 자가 재기를 위해 몸을 숨겼던 곳이며, 그 환란 속에서 무참히 죽어 간 곳이기도 했다. 정감록을 신봉하던 정순덕의 아버지 정주삼이 산청군 단성면에서 가족을 이끌고 찾아든 곳도 덕산골이었고, 그의 딸 정순덕이 공비로 마지막에 붙잡힌 곳도 덕산골이었다. 이렇게 덕산은 피난처가 되기도 하고 환란의 아수라장이 되기도 했던 곳이다. 덕산사가 여순 사건과 6·25 한국 전쟁을 거치며 완전히 불에 타 폐사지로 된 것도 이와 무관치 않아 보인다.

삼장천 위에 세운 반야교를 다시 건너오면서 장당골을 오래도록 바라보았다. 창건과 화재로 인한 전각 소실, 중건과 석조비로자나불좌상의 이전 봉안, 그리고 그 과정에서 절 이름의 개명과 복원, 석조비로자나불좌상의 국보 승격 등은 지금의 덕산사의 모습으로 남아 있다. 주불전인 대웅전이 아직 완공되지 않은 덕산사는 어쩌면 미완성의 작품처럼 보이고 횅한 느낌이 드는 절이다. 하지만 "덕이 있으면 반드시 따

지리산은 절을 품고 절은 지리산을 담다

르는 사람이 있으므로 외롭지 않다(德不孤 必有隣)"는 공자의 말처럼 덕산(德山)인 지리산이 품고 있는 덕산사(德山寺)는 외롭지 않다.

흔히 엄마의 산이라 부르는 지리산은 '덕이 있는 산'이라는 의미로 '덕산'으로도 불리어 왔다. 그래서 덕산사가 있던 지역의 사람들은 덕산사란 이름을 되찾고 싶었는지도 모른다. 환란의 아수라장이 되는 곳이지만 덕산은 여전히 사람들을 품어 주는 곳이기 때문이다. 어쩌면 지금 덕산사는 지리산이 품어 부화시키고 있는 절인지도 모른다.

산청 수선사

연지를 거니는 사람들

1,700여 년의 역사를 가진 우리나라 불교는 지금까지 수많은 천년 고찰이 있다. 그래서인지 사찰하면 오래되어야 사찰 분위기가 난다고 생각하는 경향이 있다. 단청이라도 새로 하거나 고찰에 새로운 전각을 새로 지으면 고풍스런 맛이 사라졌다는 등의 평가를 하곤 한다. 신상을 좋아하지만 오래된 명작을 높이 평가하는 인간 심리의 표현인 듯하다.

지리산이 품은 절은 대부분 천년고찰이다. 그런데 최근 창건된 지 반세기도 지나지 않은 사찰인데 네티즌 사이에서 입소문이 퍼져 많은 사람들이 찾는 사찰이 있다. 산청 지리산 동남쪽 끝자락 마지막 봉우리인 웅석봉 기슭에 있는 수선사(修禪寺)다. 뒷산 능선 너머에 지리산 정상 천왕봉이 있으니 지리산이 품은 절이다.

천년고찰 대부분이 창건 설화를 갖고 있다. 그런데 현대에 지어진 수

지리산은 절을 품고 절은 지리산을 담다

선사도 창건 인연담이 있다. 주지 여경스님이 삼십여 년 전 주지로 처음 이 절터와 인연이 되어 도량 창건의 원력을 세우고 기도하던 중 상서로운 금색 기운이 도량 전체를 감싸안았다고 한다. 금색은 바로 부처님을 상징하는 색이니 이곳이 부처님이 계신 도량으로 적합했다는 인연 설화다.

지리산이 품은 사찰 순례를 하면서 수선사에 들렀다. 절이 가까워지자 수선사 표지석이 있고 그 뒤쪽에 '아름다운 절 수선사'라고 표기된 이정표도 있다. 처음부터 세운 이정표라기보다는 사람들에게 '아름다운 절'로 인식되며 세운 듯하다. 일주문이 없어 어디서부터 도량이 시작되는지 모르지만 표지석이 일주문 역할을 하는 것 같다. 표지석을 지나자마자 연일 계속되는 폭염의 여름 날씨인데도 불구하고 소문대로 많은 사람들이 수선사를 찾아왔다.

주차장에 차를 세워 놓고 전각을 찾아가려는데 눈길을 먼저 사로잡은 것은 유명한 현대 건축가가 지은 듯한 모던한 건축물이다. 호기심이 나서 건물 앞으로 가보니 해우소였다. 대부분의 다른 사찰은 현대에 새로 지은 해우소라도 사찰 전각 모양의 기와집인데 반해 정말 파격적이다. 1층은 기둥만 세우고 2층이 화장실인 현대적 누각처럼 보였다. 언덕 위쪽에서 2층 화장실로 들어가는 통로를 만들어 놓았다. 화장실 안은 시멘트로 마감한 벽이 그대로 노출된 깔끔한 분위기였다.

화장실 왼쪽 위로 돌계단이 있고 계단 끝에 작은 문이 있다. 문에는 〈여여문(如如門)〉이란 현판이 걸려 있다. 이 여여문과 같은 크기, 비슷

수선사 해우소

한 현판 글씨체의 문이 양산 통도사 산내 암자인 극락암에 있다. 극락암은 도인으로 많은 사람들에게 가르침을 베푼 통도사 방장이었던 경봉스님이 주석했던 절이다. 알고 보니 수선사를 창건한 여경스님이 극락암에서 수행 정진했었다고 한다. '여여문'은 '세상의 모든 존재는 한결같아 변함이 없다'라는 뜻이다. 그런데 내방객이 미끄러지는 사고가 있어 잠정 폐쇄하여 문을 들어갈 수가 없다.

오른쪽으로 난 길을 돌아가면 수선사의 상징처럼 되어 있는 연꽃 연못이 나온다. 절을 지을 때 다랭이 논을 사들여 이곳을 연지로 만들었다고 한다. 수많은 내방객이 이곳에서 사진을 찍어 SNS에 올리는 바로 그 정원이다. 팔월 중순이라 연꽃 대부분은 지고 몇 송이만 넓은 연지

지리산은 절을 품고 절은 지리산을 담다

에서 아름다운 자태로 빛나고 있었다. 연지 안에 만들어 놓은 데크를 따라가려면 문 하나를 통과해야 한다. 그 문에는 〈시절인연(人蓮)〉이란 현판이 걸려 있다. 불가의 가르침에서 흔히 쓰는 '인연(因緣)'이 아니라 '인연(人蓮)'이었다. 인연(人蓮)은 시절인연이 도래하여 연꽃[蓮]이 핀 곳에서 사람[人]들이 만난다는 의미일 게다. 절묘하고 의미 있게 만든 조어란 생각이 든다. 연꽃을 보며 연지를 걷는 사람들이 서로 관계되었다는 진리를 가르치는 의미로 생각된다.

수선사 연지

연지 오른쪽에는 연지를 바라보는 최적의 조망터에 3층 규모의 카페가 있다. 3층은 '커피와 꽃자리'라는 여경스님이 직접 운영하는 카페이고, 2층은 일반 카페가 있다. 사람들은 카페 2층에서 커피와 다과를 먹으며 연지를 보고 수다를 떨고 있다. '사랑하는 사람과 음식을 먹으며 수다를 떠는 것이 행복'이라고 말한 유명 행복학자의 말이 떠올랐다. 카페오른쪽에는 갤러리 건물이 있어 화가의 작품이 전시되고 있다. 카페, 연지, 갤러리가 같은 높이에 있어 일종의 문화 공간처럼 느껴진다.

극락보전도 가 보시게

카페를 지나면 드디어 삼층석탑과 극락보전, 삼성각이 보인다. 극락보전으로 가는 길 옆에 다담실, 선열당(禪悅堂), 성적당(惺寂堂) 등 요사채 건물이 있다. 성적당은 선 수행의 요체인 성적등지(惺寂等持), 성성적적(惺惺寂寂)에서 따온 말이다. 고요한 가운데 깨어 있고, 깨어 있는 가운데 고요해야 한다는 즉 고요함[寂寂]과 깨어 있음[惺惺]이 함께 균형을 이루어야 한다는 것이다. 선열당은 선정(禪定)에 든 기쁜 마음으로 부처님의 가르침을 듣는 즐거움이란 뜻이다. 이 두 건물을 보면 주지 여경스님이 사찰 이름을 왜 수선사라고 지었는지 알 듯하다.

선(禪)은 인도 산스크리트어로는 디야나(dhya-na), 팔리어로는 쟈나(jha-na)이다. 이를 음사하여 선나(禪那), 의역하여 사유수(思惟修)라고 하는데, 음사와 의역을 합하여 흔히 선정(禪定)이라고 한다. 선정은 일상에서 말하는 '생각을 쉬는 것'을 의미하는데, 흔히 참선이란 용어로

지리산은 절을 품고 절은 지리산을 담다

더 익숙하다. 한마음으로 사물을 생각하여 마음이 하나의 경지에 이르러 흐트러짐이 없게 하는 불교의 근본 수행 방법 중 하나이다. 선정은 불교의 궁극적인 목적인 반야 지혜를 얻고 성불하기 위한 수행이다.

수선사의 주불전은 극락보전이다. 극락보전 안에는 삼존불 목각탱이 후불탱화로 봉안되어 있다. 후불탱화는 천이나 종이에 그려 불상 뒤에 거는 것을 말하는데, 수선사 극락보전 안 후불탱화는 나무로 조각한 목각탱이다. 주지 여경스님은 조선 후기에 만들기 시작했던 목각탱으로 후불화를 만들어 봉안했다. 극락보전 외벽에는 심우도(尋牛圖)를 그려 놓았다. 십우도라고도 하는 심우도는 불교, 특히 선종에서 깨달음의 과정을 열 폭의 그림으로 나타낸 그림이다.

수선사를 둘러보고 나오며 여경스님이 도량을 이렇게 조성한 뜻을

수선사 극락보전

생각해 보았다. 극락보전은 서방 극락정토를 주관하는 아미타불을 봉안한 곳이다. 극락은 말 그대로 '지극한 즐거움'이 있는 곳이다. 수선사를 방문하는 사람들이 극락정토에 오기를 발원하며 도량을 만든 것은 아닐까. 아름다운 연지와 카페는 일반 대중들이 쉽게 올 수 있게 만든 곳이다. 여경스님은 이곳에서 사랑하는 사람들과 수다를 떨며, 연지를 보고 마음을 쉬는, 바로 극락을 경험하게 만들어 주고 싶었던 것이 아닐까 싶다.

카페에 가기 전 '이곳은 수행도량이오니 부처님 전 참배자 외에는 출입을 금합니다.'라는 문구가 쓰여 있다. 여경스님은 수선사를 많은 대중들이 쉽게 찾아와서 쉬는 곳이자 궁극적으로 부처님의 가르침, 진리를 만나고 수행하는 도량으로 만들고 싶었던 것이다. 아름다운 절 수선사는 현실에서 지극한 즐거움을 누리고, 진리를 체득하여 괴로움을 떠난 극락을 체득하게 하는 절이다.

지리산은 절을 품고 절은 지리산을 담다

마치며

　지리산이 품은 사찰을 가는 것은 엄마 품으로 들어가는 기분이었다. 너른 품이 왜 들어오는지 이유를 묻지 않고 품어 줄 것만 같았다. 지치고 힘든 사람들이 마지막으로 몸과 마음을 맡겼던 곳이 지리산이었다. 존재 이유를 찾던 사람들이 퇴로를 막고 들어간 곳도 지리산이었다. 그들이 머문 곳에 사찰이 들어섰다. 그들은 치열한 정진 끝에 얻은 깨달음을 회향하기 위해 산문을 만들고 그 문으로 중생들이 들어오게 했다. 세파에 지친 사람들이 그 문으로 들어가 관세음보살, 문수보살, 지장보살을 간절히 부르고 석가여래, 비로자나불, 아미타불을 예경하였다. 천여 년이 넘는 세월 동안 이 신성한 의식은 끊이지 않고 이어졌다. 사찰은 그런 곳이었다.

　지리산이 품은 사찰들은 대승불교의 가르침이 배어 있는 곳이었다. 함양 벽송사와 영원사, 하동 칠불사는 특히 선불교의 선맥이 이어져 온 도량이었다. 구산선문 최초 가람인 남원 실상사와 백장암은 청정한 승가공동체를 유지하며 생명평화의 비전을 실천하는 도량이었다. 하동 쌍계사는 육조 혜능대사의 법맥을 이어 오며 선·교·율·범패·차의 성지로 거듭나고 있었다. 구례 화엄사는 화엄 사찰로 통일 신라 시대 경주를 중심으로 하던 불교가 전국으로 퍼져 나가는 거점 역할을 하였다. 쌍계사와 화엄사는 대렴이 들여온 차 씨앗을 지리산 일대에 심어 차 문화를 퍼트렸다. 구례 연곡사는 전쟁과 환난이 있을 때마다 사찰이 전소되는 아픔을 딛고 일어서고 있었다. 구례 천은사는 조선 시대 명필이 쓴 현판 글씨가 화마를 잠재웠다는 일화가 전해 오고 있다. 산청 대원사는 전쟁의 아픔을 딛고 비구니 사찰로 자리매김하였다. 산청 수선사와 함양 서암정사는 창건한 지 삼십여 년밖에 되지 않았지만 많은 사부대중이 찾아오는 사찰로 거듭나고 있었다.

지리산이 품은 사찰들이 천여 년이 넘는 세월 동안 무너지지 않고 부처님의 법을 전하고 수행하는 도량으로 유지되는 데에는 간절한 발원과 원력으로 사찰을 중창하거나 중건한 스님들이 있었기에 가능했다. 벽암 각성스님, 벽송 지엄스님, 고산스님, 제월 통광스님, 원웅스님, 법일스님 등은 전쟁으로 폐허가 된 사찰을 복구하여 사부대중이 수행하는 도량으로 거듭나게 만들었다. 스스로의 깨달음과 아울러 중생들을 구제하여 깨달음으로 인도하겠다는 보살심이 없으면 불가능한 일이었다.

지리산이 품은 사찰을 순례하고 기행문을 쓰는 일은 즐겁고 의미 있는 일이었다. 사찰에 전해 오는 이야기들은 그곳을 드나들었던 수많은 사람들이 남긴 이야기의 극히 일부일 수도 있다. 하지만 그 이야기 속에는 그곳을 드나들며 발원하고 수행한 사람들의 간절한 염원이 스며

지리산은 절을 품고 절은 지리산을 담다

있다. 사찰에 가면 자연스럽게 묵언이 되고 깊은 심연으로 빠져들며 마음이 고요해지는 것도 이와 깊이 관련되어 있다.

지리산은 서산대사의 표현대로 '장엄하지만 수려하지는 않은' 산이다. 높고 깊고 넓은 산세는 사람들을 품어 주기에 최적의 지리적 조건이다. 그래서 수많은 사람들이 지리산으로 들어가 지친 심신을 풀고 힘을 얻거나 새로운 터전을 마련하여 살 수 있었다. 지리산이 품은 사찰을 순례하는 것은 천여 년이 넘는 세월 동안 수많은 사람들이 그랬던 것처럼 이곳에서 번뇌로 지친 마음을 풀고 청정한 마음을 닦는 경험을 하는 것이다. 지리산이 품은 사찰들을 보고 느낀 것들을 모아 회향하는 기행문이 누군가에게 즐거움을 주고, 누군가에게는 추억을 되새기게 하고, 누군가는 사찰로 발걸음을 옮기는 마중물이 되면 좋겠다.

도움받은 책

김현준,『예불문 그 속에 깃든 의미』, 효림, 2018.

김현준,『사찰, 그 속에 깃든 의미』, 효림, 1997.

김호성,『관세음보살이여 관세음보살이여』, 불광출판사, 2024.

대한불교조계종 교육원,『불교개론』, 조계종출판사, 2022.

대한불교조계종 교육원,『부처님의 생애』, 조계종출판사, 2010.

대한불교조계종 교육원,『주석본 금강반야바라밀경』, 조계종출판사, 2009.

대한불교조계종 포교원,『불교개설』, 조계종출판사, 2019.

대한불교조계종 포교원,『불교입문』, 조계종출판사, 2017.

목경찬,『사찰 어느 것도 그냥 있는 것이 아니다』, 조계종출판사, 2008.

무진,『화엄사 잃어버린 200년』, 글항아리, 2022.

문명대,『한국 불교미술개론』, 덕주, 2024.

이지범,『사찰문화해설 가이드북』, 중도, 2024.

자현,『사찰의 비밀』, 담앤북스, 2014.

자현,『사찰의 상징세계 - 상,하』, 불광출판사, 2012.

진조,『지리산 대화엄사 이야기』, 에스에치북스, 2021.

「불광」567, 불광출판사, 2022. 1.

「불광」599, 불광출판사, 2024. 9.

지리산은 절을 품고
절은 지리산을 담다

ⓒ 김영택, 2025

초판 1쇄 발행 2025년 1월 2일

지은이   김영택
펴낸이   이기봉
편집   좋은땅 편집팀
펴낸곳   도서출판 좋은땅
주소   서울특별시 마포구 양화로12길 26 지월드빌딩 (서교동 395-7)
전화   02)374-8616~7
팩스   02)374-8614
이메일   gworldbook@naver.com
홈페이지 www.g-world.co.kr

ISBN   979-11-388-3684-5 (03910)